KB269566

스타트업 캡스톤 디자인

실패해도 커리어가 되는 창업 툴킷

STARTUP CAPSTONE DESIGN

대학생을 위한

스타트업 캡스톤 디자인

실패해도 커리어가 되는 창업 툴킷

김준성 지음

좋은땅

목차

	학습 주제	주요 학습 키워드
1	프로티언 커리어의 시대 그 명확한 선택지 스타트업 창업	#프로티언 커리어 #스타트업의 정의 #디키가이 창업 DNA
2	문제는 알파와 오메가	#GAP 프레임워크 #Denominal verb #Froto Persona #Pain Point Statement
3	CVP(고객가치제안) 고객 정의와 시장 세분화	#CVP(고객가치제안) #SAP #TAM-SAM-SOM
4	가설수립	#J커브 / 하키스틱 모형 #KPI 이해와 설정 #CAVE-JTBD 융합 프레임워크
5	솔루션 디자인 1 (MVP와 PoC 접근법)	#MVP #FoC #T-P-M
6	비즈니스 모델 디자인	#Lean Canvas
7	스타트업을 위한 고객 인터뷰	#고객 인터뷰의 중요성 #고객 인터뷰 방법
8	가설 검증	#가설 검증 #A/B 테스트
9	솔루션 디자인 2 (사용성 고도화를 위한 사용성 휴리스틱)	#사용성 고도화 점검
10	콜드콜과 도어투도어	#영업 전략
11	자금조달과 피치덱	#자금조달 #피치덱 구성
12	효과적 피칭	#피칭의 3요소
13	처음과 끝은 사람	#사람의 중요성
14	혁신은 미래를 향한 모두의 약속	#혁신은 미래의 약속 #더 나은 세상을 위해
15	반복 훈련을 위한 창업 툴킷	#반복 실습과 적용

디지털 전환을 의미하는 DX(Digital Transformation) 용어가 무색할 만큼 생성형 AI로 인한 AI 가속화와 AX(Artificial Intelligence Transformation)는 시대적 변화와 일자리에 대한 새로운 이슈를 던지고 있다. 2025년 5월 통계청의 경제활동인구조사에 따르면 15세~29세 청년층의 실업률은 6.6%를 기록했으며 일도 구직활동도 하지 않는 '쉬었음' 청년은 2025년 2월 기준 50만 명을 넘어선 것으로 나타났다. 이처럼 취업과 일자리에 대한 어려움은 기술과 사회 변화로 인해 가중되고 있다.

과거 스펙과 무한한 열심을 무장한 대학생들이 각종 인턴과 글로벌 연수를 통해 대기업과 자신이 바라는 꿈의 직장(?)으로 입성하는 것을 종종 목격했다. 하지만 지금의 상황은 어떠할까? 인턴 자리도 다수의 인공지능 툴로 인해 그 수요가 협소해졌고 기업의 공채선발도 대폭 축소되었으며 중고 신입이라는 웃지 못할 용어가 생길 정도로 경력직을 선호하는 경향이 나타나고 있다.

그렇다면 어떻게 대비할 수 있을까? 바로 그 대안은 대학생 시절 창업을 도전하는 것이다. 체계적인 준비를 통해 팀 빌딩을 이루고 창업팀이 작은 기업으로 출발해 학부 시절 4대 보험 가입과 함께 스스로 경력직이 되는 기회를 맞이하는 것이다. 물론 이 안에는 실력을 키우기 위함과 함께 실무를 경험할 수 있는 전제를 동반하고 있다.

대학생 창업은 커리어 적합도를 검증할 수 있는 계기가 되어 자신의 진로를 명확하게 실험할 수 있다. 어렵게 준비한 취업 성공 이후 다양한 이유(직무 적합도 조직문화, 연봉 등)로 장기근속하지 못하고 방황하는 젊은 세대가 점차 늘고 있다.

대학생 시절 친구들과 함께 창업을 시도하면 주도적 업무 경험을 통해 커리어 적합도를 검증하고 실험할 수 있는 선택지가 주어진다. 이처럼 대학생 창업은 위험을 높이는 것이 아닌 오히려 위험을 줄이며 기회와 가치를 창출하는 여정이 될 수 있다. 이제 창업을 통한 기회의 여정을 함께 시작해 보자.

'한 학기를 기반한 창업 실험과 프레임워크를 통한 객관화'

대학에 개설된 다양한 기업가정신과 창업 수업을 모든 학부생이 신청할 수 없는 현실과 대학생의 유의미한 커리어 개발을 위해 본 저서를 기획하게 되었다. 본 저서는 문제해결 중심의 최종 결과물을 도출하는 캡스톤 디자인 접근을 통해 한 학기 코스로 스타트업 창업을 이해하고 준비할 수 있는 실험의 경험을 만끽할 수 있다.

본 저서를 기획하는 단계부터 필자는 최신 사례 중심의 소개보다 창업을 실제로 준비하고 도전하는 데 인사이트를 얻을 수 있는 프레임워크 중심의 창업 툴킷을 모티브로, 반복적으로 사용할 수 있는 것을 주안점으로 설정했다.

모든 프레임워크에 예시를 적용하지는 않았다. 그 이유는 난이도 있는 활동은 예시를 통해 실습을 유도하고 있으나 독자가 충분히 소화 가능하다고 판단된 방법은 실습 과정 중 다양한 관점과 상상력을 방해하지 않기 위해서다.

각 챕터에 제시되는 프레임워크는 선행연구를 기반으로 원형 그대로 제시되거나 저자가 현장에서 강연과 멘토링을 통해 경험한 효과적인 방법으로 프레임워크를 응용하고 변형하여 제시하고 있다.

챕터의 큰 흐름은 Harvard Innovation Labs에서 지향하는 창업 관점인 사람-혁신-비즈니스 모델-자금조달로 구성되었다. 전체적 맥락을 이해하되 반드시 순차적으로 읽어가며 제시되는 프레임워크를 실습할 필요는 없다. 직관적으로 관심과 필요가 우선되는 챕터부터 읽어 가며 실전에 적용할 수 있도록 프레임워크를 반복적으로 사용하는 것을 권장한다.

부디 본 저서가 창업과 혁신에 관심이 있는 이들의 가방에 가볍게 담겨 언제든 꺼내 볼 수 있는 친숙한 친구이자 멘토가 될 수 있길 기대한다.

프로티언 커리어의 시대
그 명확한 선택지 스타트업 창업

    커리어(Career)의 어원은 마차나 수레가 지나가던 길을 의미하는 라틴어 Carraria로부터 유래하여 현재는 개인의 삶과 직업적 선택을 통한 경력을 의미하는 용어로 사용되고 있다. 과거에는 단선적이며 하나의 직종을 오르고 내리는 단일경력 모델의 시대였으나 기술 발달의 가속화와 시대적 변화로 인해 현재는 다양한 커리어로 변환되는 다중경력 모델의 시대를 맞이했다. 다중경력 모델은 어릴 적 놀이터의 정글짐을 탔던 경험을 떠올리면 이해하기 쉽다. 동서남북 방향이 바뀌어도 정상을 향해 간다는 목적지가 같듯이 현시대의 커리어의 패러다임은 이러한 정글짐을 닮아 있다.

    이는 직업적 선택도 중요하지만 개인의 비전이 더 의미를 더해 가고 있다는 것을 반증하는 현상으로 해석할 수 있다. 이처럼 개인의 커리어의 다변화와 가치중심을 기반한 모습은 프로티언 커리어(Protean Career)를 통해 설명할 수 있다.

프로티언 커리어는 그리스 신화의 변신의 귀재인 바다의 신 프로테우스를 모티브로 자기 주도성과 가치 지향적 요인을 바탕으로 커리어를 개인이 개척해 나가는 것을 의미하고 있다. 프로티언 커리어는 우리 일상에서 목격할 수 있다. 부모님과 가까운 지인들이 자신의 대학 전공과 무관한 일을 현재 하고 있거나 다양한 직업적 변화를 맞이한 것을 확인한다면 우리는 이미 모두가 프로티언 커리어를 경험하고 있는 셈이다. 그렇다면 이렇게 다변화하는 환경 속에서 우리는 어떤 커리어 전략을 선택할 수 있을까?

바로 그 비결은 학부 시절 팀 빌딩을 통해 스타트업 창업을 진행하는 것이다. 스타트업의 용어는 1976년 미국 Forbes 잡지에서 처음 거론되었다. 전자 데이터 처리 분야의 신생 기업에 대한 투자 사례를 언급하며 당시로 보면 최신 기술을 언급한 뉘앙스를 확인할 수 있다. 이러한 새로운 용어의 등장은 이듬해인 1977년 Business Week를 통해 고성장 기술 기업을 위한 인큐베이터로 언급되며 스타트업이 기술을 기반한 조직임을 규명하고 있다.

그렇다면 왜 꼭 스타트업 창업을 지향해야 할까? 창업은 크게 기술이 없는 라이프스타일, 즉 생계형 창업과 기술 기반의 기회형 창업인 스타트업 창업으로 구분할 수 있다. Jorge Guzman과 Scott Stern의 연구에 따르면 기술 기반의 창업은 기술이 없는 창업 기업보다 생존율이 높게 나타났다. 또한 시드머니가 될 수 있는 창업과 관련된 정부지원금은 기술을 기반한 스타트업을 대상으로 하고 있다.

대한민국 정부는 7년 이내 창업자를 법적으로 초기 창업자로 규정하진 않지만, 그 범주로 간주하여 다양한 지원 제도를 운영하고 있다. 예를 들어, 중소벤처기업부의 2025 창업지원사업 통합공고에 따르면 중앙정부와 지자체가 창업에 투입하는 예산만 해도 3조 2,940억 원에 달한다. 최근 많은 대학생들이 예비창업패키지 등 정부 지원 사업을 통해 자부담 없이 아이디어를 실험하고 시제품을 제작하고 있다. 특히 학부 재학 중 스타트업에 도전하면 경력 개발과 창업 경험을 동시에 빌드업하는 기회가 열린다.

무엇보다 스타트업 창업은, 자기 가능성과 한계를 시험하는 실전의 무대이기도 하다. 입시라는 정해진 룰에 참여했던 청소

넌기와 달리 자신이 주도적으로 인생을 디자인하며 실험할 수 있는 이들에겐 스타트업은 더할 나위 없는 실전 무대이기 때문이다.

*본 프레임워크 실습 목적: 창업가는 스스르 강점과 약점, 자신의 세계관을 인지하고 있어야 한다. Founder Market Fit으로 불리는 창업가의 특정 마켓 적합도는 초기 스타트업의 경쟁력이 되며 어려운 창업가의 길에 있어 자신이 왜? 창업을 하고 이 일을 하는가에 대한 비전과 방향을 스스로 점검하며 제시할 수 있기 때문이다.

이키가이(Ikigai)는 일본어 이키(生き: 삶)와 가이(甲斐: 가치, 보람)가 합쳐진 말로 삶을 살아가는 목적과 이유를 나타내는 개념이다. 이키가이가 제시하고 있는 4가지 요인은 다음과 같다.

1. 당신이 좋아하는 일은 무엇인가?
2. 당신이 잘하는 일은 무엇인가?
3. 세상이 필요로 하는 것은 무엇인가?
4. 무엇으로 돈을 벌 수 있는가?

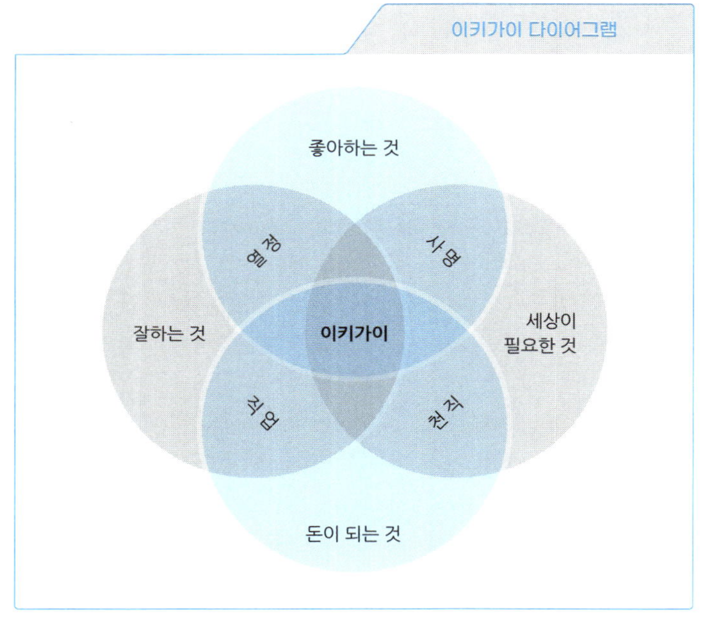

　해당 질문을 통해 다음과 같이 자신의 현황을 살펴볼 수 있다. 잘하는 일과 좋아하는 일의 조화는 열정을 이루고 좋아하는 일과 세상이 필요로 하는 일은 사명이 된다. 잘하는 일과 돈을 받을 수 있는 일은 직업이 되며 세상이 필요로 하며 돈을 받을 수 있는 일은 소명, 즉 천직이 된다. 이키가이를 통해 창업가의 세계관과 자신을 새롭게 마주하는 기회가 될 수 있다. 이키가이를 실습해 보도록 하자.

Q1. 당신이 좋아하는 일은 무엇인가?

Q2. 당신이 잘하는 일은 무엇인가?

Q3. 세상이 필요로 하는 것은 무엇인가?

Q4. 무엇으로 돈을 벌 수 있는가?

Q5. 위 질문을 통해 당신의 열정, 사명, 직업, 천직어 대한 느낌을 키워드로 적어 보자.

Q6. 이키가이를 통해 느낀 당신이 해결하고 싶은 문제(과제) 또는 관심사는 무엇인가?

이키가이 창업 DNA 발견을 통해 창업가로서의 나를 새롭게 마주하고 자신의 관심 영역을 살펴보았다면 이제는 [챕터2] 문제를 향해 나아가야 한다. 문제는 창업의 처음과 끝 바로 알파와 오메가이기 때문이다.

문제는 알파와 오메가

이키가이 창업 DNA 발견 프레임워크를 통해 자신의 세계관과 세상을 바라보는 시선을 확인했는가? 다수의 창업가는 자신과 가족, 지인 그리고 가까이 있는 환경으로부터 경험하거나 목격했던 문제를 해결해 나가는 과정으로부터 창업 아이디어를 발견하기도 한다. 그렇다면 문제가 중요한 이유는 왜일까? 창업에 있어서 문제는 바로 시장이다.

즉 이러한 문제를 겪는 대상, 바로 고객이 존재해야만 시장이 존재한다는 사실을 가정하기 때문이다. 예를 들어 문제가 매우 단순하거나 그 문제를 겪는 대상이 소수면 문제를 해결하는 솔루션도 단조로워 추격자(경쟁사)들이 쉽게 접근할 수 있는 영역이 되고 시장 규모가 작아 투자 유치의 어려움을 포함해 지속 가능한 비즈니스 활동이 어렵다. 그러므로 문제는 창업 활동의 시작이자 끝인 알파와 오메가이다.

네덜란드의 디자인 이론가인 Kees Dorst는 문제의 종류를 다음과 같이 제시했다. 무경계 차원의 열린 문제와 시간의 흐름의 변화를 거친 역동성을 내포한 문제, 다양한 이해관계자들과 요인들의 관계가 얼개로 이루어진 복잡한 문제, 조직과 조직들을 가로지르는 네트워크형 문제로 문제의 범주를 구체화하고 있다. 물론 문제의 접근법과 방법이 다음과 같이 딱 떨어지게 설명할 수는 없다. 다만 어떠한 렌즈를 통해 문제 접근을 시도하고 그 문제가 정말 가치 있는 문제로 검증 가능한지 최초의 가설수립이 가능한 영역인지 살펴보는 것이 중요하다.

문제는 창업의 시작이자 끝이기 때문이다. 문제 접근을 효과적으로 살펴보기 위해 다음과 같은 렌즈를 제시하고 싶다. BPR(Business Process Reengineering)은 현재 레벨(AS-IS)과 바람직한 상태의 이상적 레벨(TO-BE)을 통해 차이(GAP)를 발견하여 이를 개선할 수 있는 비즈니스 개선 방법론을 말한다. 해당 방법론은 Hammer와 Champy에 의해 제시되었다. 이제부터 BPR 관점의 AS-IS·TO-BE GAP 프레임워크를 통해 문제 접근과 정의를 시도하고자 한다. 이해를 돕기 위해 본 실습의 예시는 '체중감량'의 문제를 통해 설명하고자 한다.

*본 프레임워크 실습 목적: BPR 관점으로 관심 영역 문제의 현재 레벨(AS-IS)과 바람직한 상태의 이상적 레벨(TO-BE)을 서술함으로써 차이(GAP)를 발견하고 이를 기회로 인식하여 문제 정의틀 도출하기 위함이다.

작성 방법은 1) 현안에 대한 바람직한 상타의 이상적 레벨(TO-BE)을 작성하고 관련된 특징을 서술한다. 2) 현안의 현재 레벨(AS-IS)과 특징을 서술한다. 3) 이상적 상태와 현재의 상태틀 비교한 GPA(차이)를 정의함으로써 해당 현안의 문제를 정의한다.

AS-IS / TO-BE(GAP 기회 발견)	
1.TO-BE(이상적인 모습)	특징
3.GAP(문제)	
2.AS-IS(현재의 모습)	특징

1.TO-BE(이상적인 모습)	특징
10KG 체중 감량을 성공하고 1년 이상 감량한 체중 유지	주 3회 이상 16:8 공복 실천 주 3회 이상 유산소와 근력 운동 실천 균형 잡힌 식단관리 규칙적이며 충분한 수면 상태 술 약속과 모임 최소화

3.GAP(문제) 잦은 모임으로 인한 자기 관리 어려움

2.AS-IS(현재의 모습)	특징
1년 전 다이어트 성공으로 10KG 이상을 감량했으나 요요현상으로 체중이 다이어트 전으로 돌아가 재감량이 요구되는 상태	잦은 술모임과 야식을 즐겨 운동 시간과 수면 부족 상태

[AS-IS · TO-BE GAP 프레임워크 예시]

해당 프레임워크를 통해 발견된 핵심적 문제 정의는 바로 '잦은 모임으로 인한 자기 관리 어려움'이다. 표면적 문제는 요요현상으로 인해 이전 체중으로 돌아가 재감량이 요구되는 상태이다. 이를 바람직한 모습과 현안의 특징을 비교함으로써 핵심적 문제를 잦은 모임으로 인해 식단, 운동, 수면 관리가 되지 못한다는 자기 관리 부족 문제를 도출했다.

 대학생을 위한
스타트업 캡스톤 디자인

다음은 Denominal verb 방법을 통해 발견된 문제를 심화할 수 있다. 해당 방법은 명사에서 파생된 동사를 의미하며 명사를 동사로 바꾸는 언어학의 개념적 틀이다. 해당 이론은 Clark & Clark(1979)를 통해 설명되었다. 명사의 범주화된 상태를 동사화함으로써 구체적인 행동 양식과 상황으로 변환할 수 있다. 이는 최초의 문제가 명사화될 가능성이 높은데 동사화함으로써 해당 문제의 구체적 상황과 이를 어려움으로 겪는 최초 고객모델을 자연스럽게 유추할 수 있다.

앞서 AS-IS·TO-BE GAP 프레임워크를 통해 정의된 문제인 잦은 모임으로 인한 자기 관리 어려움을 '잦은 모임' 명사로 단순화해 이를 Denominal verb 프레임워크 실습을 통해 다음과 같이 적용할 수 있다.

창업 툴킷 3. Denominal verb 프레임워크

*본 프레임워크 실습 목적: 도출된 문제(명사)를 동사화하여 구체적인 문제 상황을 가정하고 문제를 겪는 대상을 유추해 볼 수 있다. 이를 통해 문제 접근의 방식을 행동 중심의 구조로 전환하며 최초의 고객모델을 설정하는 단서를 발견할 수 있다.

작성 방법은 1) 도출된 문제를 명사로 단순화하여 기재 2) 해당 명사를 3가지 이상의 동사로 작성 3) 각 동사 상황에 적합한 대상(고객)을 추정하여 작성한다.

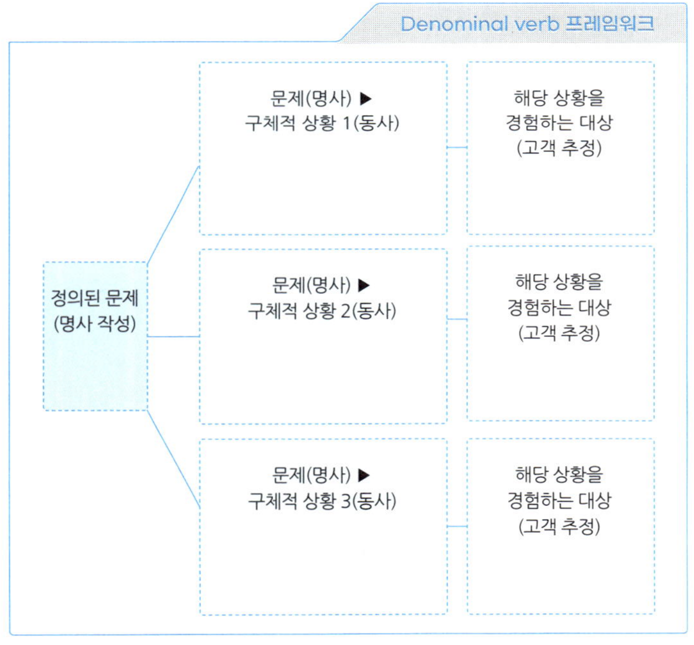

대학생을 위한
스타트업 캡스톤 디자인

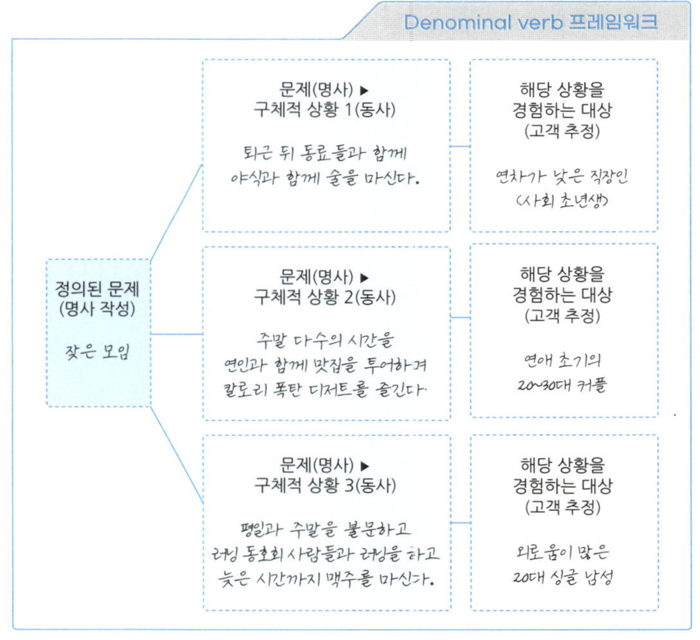

[Denominal verb 프레임워크 예시]

명사를 통해 동사화함으로써 구체적인 문제 상황을 가정할 수 있고 해당 문제 경험 고객을 추정함으로써 최초의 고객모델인 페르소나(Persona)를 도출할 수 있으며 문제에 대한 접근을 다채롭게 확장할 수 있다. 페르소나는 서비스 디자인에서 특정 제품과 서비스를 사용하는 대표적 고객모델로 UX 디자인에서

주로 언급되고 사용되었으나 현재는 경영학과 창업 등 다양한 영역에서 최초 고객모델을 지칭하는 용어로 사용되고 있다.

창업 초기 페르소나를 심층적으로 다루어야 하는 이유는 창업 팀이 발견한 최초 문제를 해당 페르소나가 경험하고 있는지 문제와 고객의 적합도 즉 Customer Problem Fit(CPF)을 확인하기 위해서다. 다시 말해 문제 발견이 잘 이루어져도 이러한 문제를 겪는 대상이 부재하다면 동상이몽에 불과하기 때문이다. 예시로 작성된 '잦은 모임'의 명사는 동사화되어 가며 다양한 상황과 고객 추정으로 확장되고 이는 창업 아이템을 구상하기 위한 구체적인 가설수립의 뼈대가 될 수 있다.

이제 조금 더 명료하게 문제를 정리해 보도록 하자. 앞서 사용된 두 방법을 통해 해당 문제와 문제를 경험하는 고객을 구체적으로 묘사할 수 있는 단계로 접근했다. 다음은 PPS(Pain Point Statement)를 통해 문제에 대한 구체적 명세서를 작성할 수 있다.

창업 툴킷 4. PPS(Pain Point Statement)

*본 프레임워크 실습 목적 : PPS는 고객이 경험하고 있는 문제를 구체적으로 서술하는 명세서로 해당 문제의 구체적 상황과 고객을 서술함으로

 대학생을 위한
스타트업 캡스톤 디자인

써 이를 해결할 수 있는 초기 아이디어와 가설을 수립하기 위함이다.

Pain Point Statement

① **누가** (구체적 고객 서술)

② **특정한 상황에서** (언제 어느 상황인지 서술)

③ **무엇을 할 때** (구체적인 행동을 서술)

④ **불편함이 있어서** (어떤 불편함인지 서술)

⑤ **이러한 감정이 든다.** (고객이 불편함을 통해 느낀 불편함을 서술)

PPS는 예시가 없다. 그 이유가 무엇일까? 바로 독자의 실력을 향상하기 위해서다. 앞서 함께 살펴본 예시를 통해 스스로 관심 있는 주제로 작성하길 권장한다. 다만 예시는 예시이며 명확한 정답은 아니다. 중요한 사실은 앞서 살펴본 문제를 발견하는 AS-IS·TO-BE GAP과 명사를 동사로 거쳐 PPS 작성까지 세 방법을 통해 문제를 정확하게 정의하는 것이다. 문제는 창업의 시작이자 끝인 알파와 오메가이며 최초의 고객모델을 찾아가는 나침반이 될 수 있기 때문이다.

대학생을 위한
스타트업 캡스톤 디자인

CVP(고객가치제안) 고객 정의와 시장 세분화

　문제 정의와 해당 문제를 경험하고 있는 고객에 대한 접근이 시작되었다면 지금부터 고민해야 하는 중요한 사안은 바로 고객가치제안(Customer Value Proposition)이다.

　CVP로 불리는 고객가치제안은 고객이 바라는 바람직한 상태의 니즈를 충족시킬 수 있는 해결책과 대안을 제시함으로써 스타트업의 제품과 서비스를 선택하게 만드는 근원적인 메시지다. 만일 창업 기업이 CVP를 명료하게 설명하거나 제시하지 못한다면 해당 팀은 제품 서비스 개발을 잠시 멈추고 고객 관점으로 다시 사유할 필요가 있다. 이는 마치 단팥빵을 먹음직스럽게 만들었으나 실제 팥은 전혀 존재하지 않는 것과 같다.

　바로 핵심이 빠져버린 상황이다. 이를 명확하게 하는 가장 빠른 방법은 해당 문제를 겪는 대상이 누구인지 설명하는 것이다. 그 이유는 해당 문제를 지닌 페르소나의 문제해결을 위한 올바른 방법이 바로 스타트업이 생존 가능한 제품과 서비스를 만드는 고객가치제안 기반의 방향을 수립하는 원천이 되기 때문이다.

앞서 우리는 PPS(Pain Point Statement)를 통해 고객 문제와 관련된 명세서를 작성할 수 있었고 해당 문제를 겪는 페르소나가 누구인지 설명할 수 있었다. 그렇다면 고객이 명확하므로 고객가치제안을 기반한 솔루션, 즉 창업 아이템 구상과 개발 단계로 나아가야 할까?

물론 그렇게 진행할 수 있다. 고객 정의가 이루어진 뒤 이들의 문제를 해결할 수 있는 솔루션인 창업 아이템을 생각하는 것은 자연스러운 의식의 흐름이다. 하지만 시장 세분화를 진행하고 솔루션을 구상하는 것을 권장한다. 만일 문제 발견 이후 시장 세분화를 통해 해당 문제를 겪는 이들의 규모와 잠재력을 파악하지 않는다면 근시안적 입장을 벗어나기 힘들다. 문제를 경험하는 페르소나가 존재해도 이들의 수가 적다면 지속가능한 비즈니스에 제약이 생길 수 있다. 또한 시장 세분화를 살펴보아야만 최초 고객모델인 페르소나 중심의 영업 활동을 통해 빠른 매출 실현이 가능하기 때문이다.

그렇다면 어떻게 시장 세분화를 할 수 있을까? 네덜란드의 DELITELABS에서 제공하는 SAP 프레임워크를 사용하여 효과적으로 세분화할 수 있다. SAP 프레임워크는 페르소나를 식별하면서도 시장 세분화를 효율적으로 할 수 있는 방법론이다. Size(시장 규모)와 Access(접근성), Pay(페르소나의 지불능력)의 세 요인으로 구성되어 있다.

구체적으로 설명하기 위해 앞서 언급한 예시를 적용하여 설명하겠다.

시장 규모는 앞서 예시로 추정한 프로토 페르소나 중 잦은 모임으로 인해 문제를 겪는 사회 초년생 직장인, 연애 초기 20~30대, 외로움이 많은 20대 싱글 남성으로 나누었다. 이 중 인구 범주 또는 잦은 모임으로 인한 문제로 이를 해결 가능한 창업 솔루션이 나온다면 이를 필요로 하는 이들이 누가 더 많을지 가정하여 검증하는 것이다. 그리고 이들에게 도달할 수 있는 접근성의 경로는 어느 대상이 더 손쉬우며 적은 비용으로 효과가 클지 고려하는 것이다. 마지막으로 페르소나의 지불능력은 각 대상 중 경제적 여건과 지불 의사가 높은 고객을 선택하여 가정하고 검증할 수 있다.

창업 툴킷 5. SAP 프레임워크

*본 프레임워크 실습 목적: SAP 프레임워크는 페르소나에 대한 결정과 함께 시장 분류를 효과적으로 하기 위한 방법으로 시장의 규모(Size), 고객 도달 경로의 접근성(Access), 페르소나 지불능력(Pay)으로 구성되어 페르소나 후보를 대상으로 시장규모, 접근성, 지불능력을 대입하여 점수화하고 세 항목의 점수를 곱하여 총점이 높은 분류 집단을 최종 페르소나로 선정하여 시장 세분화의 의사결정을 내릴 수 있다.

(각 항목 점수는 1~3점이며 합산된 점수를 곱하여 총점이 높은 대상을 최종 페르소나로 권장) **SAP 프레임워크**

분류	Size (시장 규모)	Access (접근성)	Pay (지불능력)	총 점 (SxAxP)

앞서 살펴본 잦은 모임으로 인한 문제를 겪고 있는 프로토 페르소나를 사회 초년생 직장인, 연애 초기 20~30대, 외로움이 많

은 20대 싱글 남성, 세 분류로 나누었다. 만일 SAP 프레임워크의 효과를 더 높이고 싶다면 해당 프로토 페르소나를 더 구체화 된 가정으로 대입하는 것을 권장한다.

예를 들어 사회 초년생 직장인은 ○○년 차 남성 직장인 또는 ○○년 차 여성 직장인으로, 연애 초기 20~30대는 연인과의 만남 1년 차 20대 남성 또는 연인과의 만남 1년 차 20대 여성으로, 외로움이 많은 20대 싱글 남성은 1인 가구로 등록된 20대 싱글 남성으로. 프로토 페르소나의 현황을 통계 자료로 접근하여 확인할 수 있는 형태로 구체화하여 SAP 프레임워크 틀에 대입한다. 이를 통해 각 항목의 사안을 리서치해 시장 규모와 접근성, 지불능력을 점수화하여 이를 합산한 총점의 순서를 고려해 최종 목표 고객을 선정한다.

2024년 통계청 경제활동인구조사 청년층 부가조사에서는 20~29세 경제활동 인구는 383만 2천 명으로 집계되고 있다. 이 중 약 절반을 남성으로 가정하여 추론하고 20대 초반과 후반의 평균 연봉을 3,000만 원으로 가정하면 시장 규모와 이들의 지불능력을 평가할 수 있는 기본 정보를 취합할 수 있으며 이들에게 제안하는 솔루션에 대한 접근성이 디지털 기기 또는 수도권 중심이라는 가설을 세워 접근하면 접근성도 어림짐작해 볼 수 있다.

이처럼 연애 1년 차 여성과 20대 1인 가구 남성도 다양한 통계 자료와 리서치를 통해 기본적 근거를 바탕으로 각 항목 점수를 매길 수 있다. 만일 연애 1년 차 여성과 20대 1인 가구 남성이 직장 생활 3년 차 남성보다 낮은 점수를 받게 되어 최종 목표 고객을 직장 생활 3년 차 남성으로 확정했다고 가정해 보도록 하자.

(각 항목 점수는 1~3점이며 합산된 점수를 곱하여 총점이 높은 대상을 최종 페르소나로 권장) **SAP 프레임워크**

분류	Size (시장 규모)	Access (접근성)	Pay (지불능력)	총 점 (SxAxP)
직장 생활 3년 차 남성	3	3	3	27
연애 1년 차 여성	2	3	2	12
20대 1인 가구 남성	2	3	3	18

[SAP 프레임워크 예시]

그다음 진행되어야 할 사항은 무엇일까? 바로 이들을 기반으로 전체시장과 유효시장, 수익 시장을 파악하는 TAM(Total Addressable Market)-SAM(Serviceable Available Market)-SOM(Serviceable Obtainable Market)을 설정하는 것이다. 시장

규모를 정하는 방식은 정답은 존재하지 않는다. 다만 수익 실현이 가능한 시장에 대한 논리적 흐름과 창업 팀이 발견한 문제 시장에 대한 명확한 규모와 전략을 바탕으로 리서치하여 제시하는 것을 권장한다.

시장 규모를 파악하기 전 최종 고객 모델이 원하는 니즈와 이들에게 제안할 고객가치제안이 무엇인지 점검할 필요가 있다. 물론 아직 이 부분도 가설 단계이다. 그러므로 창업 팀은 여러 단계와 가설을 기반해서 다양한 시장 규모를 제시하고 팀원들과 논의할 필요가 있다.

TAM(전체시장)-SAM(유효시장)-SOM(수익시장)을 해당 문제를 경험하는 고객 규모x자사 제품 서비스 평균 가격을 통해 합산하여 복합 연평균 성장률인 CAGR과 함께 제시하는 방식 또는 해당 문제를 지닌 고객 규모와 이들이 해당 문제를 해결하기 위해 기존 제품 서비스를 이용하는 평균 가격을 통해 합산하여 복합 연평균 성장률인 CAGR과 함께 제시하는 방식 또는 해당 문제를 지닌 고객 규모와 복합 연평균 성장률인 CAGR과 함께 제시하는 방식으로 접근할 수 있다. 물론 세 방법 외에도 공급자와 수요자 관점의 정량적 데이터를 취합해 시장 규모를 추정하는 방식도 가능하다.

TAM(전체시장)-SAM(유효시장)-SOM(수익시장)에 대한 설명을 SAP 프레임워크를 통해 최종 목표 고객으로 선정한 직장 생활 3년 차 남성을 통해 살펴보도록 하자. 그리고 이들의 문제는 잦은 모임으로 인해 자기 관리가 부족하여 체중 관리가 유지가 되지 못했던 부분을 기억하여 살펴보자.

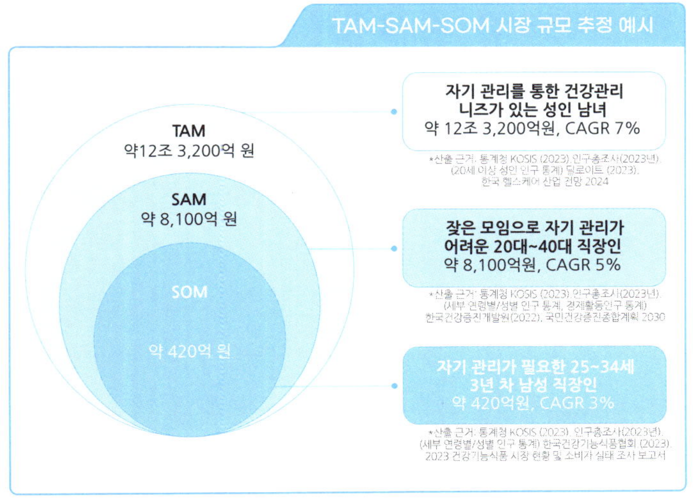

[TAM-SAM-SOM 시장 규모 추정 예시]

　　최초 SOM(수익시장)은 통계청 자료를 기반해서 남성 인구
수 및 3년 차 남성 직장인의 2%를 잦은 모임으로 자기 관리가
필요할 것으로 가정하여 70,000명을 도출했다. 이 중 웰니스 프
로그램(건강기능식품, 운동, 식단 관리) 경험에 대한 1인당 연
지출액의 평균 지출액을 연 600,000원(월 50,000원)으로 산정
하여 시장 규모를 연 420억 원 규모로 추정하였다.

　　다음은 SAM(유효시장)에 대한 접근이다. 최초 고객을 3년
차 남성 직장인에서 이와 인접한 시장으로 고려할 수 있는 잦
은 모임으로 자기 관리가 필요한 20~40대의 직장인으로 설정
하여 다음과 같은 근거를 가지고 제시했다. 24세~44세 남녀 인
구는 통계청 자료를 근거하여 약 1,500만 명으로 설정하였다.
이 중 이들의 60%를 직장인으로 가정해서 잦은 모임으로 자기
관리가 어려울 수 있는 대상을 15%로 가정하여 총 1,350,000명
을 추정했다. 이들의 웰니스 프로그럼 경험에 대한 1인당 규모
도 SOM(수익모델)과 동일한 비용으로 산정(연 600,000원, 월
50,000원)하여 시장 규모를 연 8,100억 원으로 추정했다.

　　마지막으로 TAM(전체시장)은 20세 이상 성인 인구 비율

을 통계청 자료를 근거해 지불 역량을 가정한 4,400만 명으로 집계하여 이 중 자기 관리를 통해 건강 관리 니즈를 가진 비율을 다이어트와 관련된 건강 설문 조사 평균치를 고려해 40%(17,600,000명)로 가정했다. 이들의 1인당 웰니스 프로그램에 대한 연평균 활동비는 700,000원으로 가정해 시장 규모를 연 12조 3,200억 원으로 추정했다.

이처럼 시장 규모 추정은 다음과 같은 방법으로도 가능하다. 물론 다음과 같은 예시가 통계청 자료와 일부 데이터를 근거하였으나 어림짐작으로 추론한 부분을 고려하면 100% 정확하지 않을 수 있다. 창업 팀이 발견한 시장에 대한 근거와 시장 규모에 대한 추정을 얼마만큼 논리와 시장에 대한 통찰을 가지고 다양하게 제시할 수 있을지 입체적으로 고민하여 제시할 수 있는 시야가 확장되어야 한다.

창업 툴킷 6. TAM-SAM-SOM(시장 규모 추정) 프레임워크

*본 프레임워크 실습 목적: TAM-SAM-SOM(시장 규모 추정) 프레임워크는 시장 규모에 대한 논리적 추정을 통해 창업 팀이 발견한 문제와 고객에 대한 접근을 입체적으로 확장하여 CVP(고객가치제안)와 이를 기반

 대학생을 위한
스타트업 캡스톤 디자인

으로 한 솔루션 디자인의 최적화를 고민하고 향후 IR 피칭을 통해 원활한 투자 유치를 진행하기 위함이다.

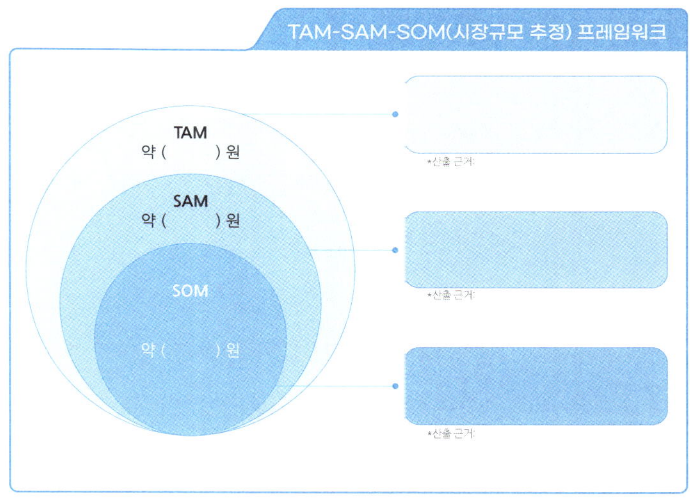

그러므로 여러 차례 반드시 시장 규모를 파악하고 다양한 논리를 가지고 창업 팀과 함께 열띤 찬반 토론을 펼칠 필요가 있다. 또한 발견한 시장 가운데 최초 시장 안에서 창업 팀이 점유할 수 있는 시장 점유율을 수치화하여 설정하는 것이 중요하다. 이는 전략과 전술의 핵심 지표를 설정할 수 있고 마케팅과 영업 방안에 대한 구체적인 아이디어를 도출할 수 있기 때문이다.

하지만 필자는 때때로 다양한 상상력을 품고 시장 규모의 축을 세우라고 권하고 싶다. 그 이유는 선형적인 접근은 선형적 시장을 발견하지만 비선형적인 사고는 때때로 우리가 발견하지 못한 잠재된 시장과 고객 니즈를 파악할 수 있는 실마리를 제시하기 때문이다. 이는 논리도 분명 중요하나 창의적 태도 또한 함께 동반되어야 한다는 사실을 내포한다. 마치 확산적 사고와 수렴적 사고의 반복이 창의적 결과를 도출하는 혁신의 핵심 열쇠처럼 말이다.

우리는 [챕터 3]을 통해 고객가치제안(CVP)의 개념과 프로토 페르소나를 구체화하여 핵심 페르소나를 선택할 수 있는 SAP 프레임워크 실습과 시장 규모(TAM-SAM-SOM) 추정에 대한 방법을 살펴보았다. 시장 규모를 언급하기 전 고객가치제안을 먼저 설명한 이유는 다음과 같다. 다수가 솔루션(창업 아이템)에 접근하며 고객가치제안을 생각하거나 문제 발견 단계부터 고객가치제안을 고려해 순차적으로 빌드업해가는 경우가 있다. 하지만 핵심 페르소나부터 시장 규모를 파악하는 부분까지 고객가치제안은 절대 놓쳐서는 안 되는 사안이다. 특히 시장 규모는 어떤 축으로 설정하느냐에 따라 그 규모와 내용에서 차이가 발생한다. 그러므로 이러한 나침반이 되는 핵심 또한 고객이고 이들을 위한 고객가치제안이다.

　시장 규모 제시를 여러 차례 반복하여 다양한 데이터를 대입해 각각의 시장을 추정하고 제시하다 보면 때때로 창업팀에 가장 유리한 시장을 제시하고 싶은 유혹은 놓치기 어려운 사안이 될 것이다. 다만 그러한 유혹이 찾아올 때 잊지 말아야 할 점은 언제나 이러한 제시는 아직 창업 팀의 작은 가설에 불과하다는 것이다.

　고객개발론을 개발하고 린 스타트업의 지대한 영향을 미친 스티브 블랭크는 스타트업을 임시조직으로 언급했다. 그는 왜 이렇게 언급을 했을까? 스타트업의 여정은 끊임없는 가설과의 싸움이자 변화이고 그 가설이 증명되는 것을 통해 제품과 서비스가 고객을 향해 한 걸음 그리고 다시 한 걸음을 나아가기 때문이다. 이제 우리는 [챕터 4]를 통해 창업 팀이 발견한 문제와 고객 그리고 시장에 대한 가설 제시를 시도할 것이다. 이는 최적화된 창업 아이템을 구상할 수 있는 가장 확고한 근거가 될 수 있다. 여러분은 반드시 기억하길 바란다. 스타트업의 처음

과 끝은 가설의 수립과 가설의 검증을 통해 고객을 향한 한 걸
음의 싸움이라는 사실을 말이다.

대학생을 위한
스타트업 캡스톤 디자인

가설수립

　고객 정의와 시장 세분화 단계까지 접근했다면 지금부터 시작할 과업은 본격적인 가설수립이다. 가설이 중요한 이유는 무엇일까? 하나의 현상을 동일 조건으로 측정하여 정량적으로 설명할 수 있으면서 정규화된 데이터로 제시할 수 있다면 우리는 이것을 이론적 틀의 기초 단계가 성립되었다고 판단할 수 있다. 이처럼 하나의 현상을 설명하거나 체계적인 접근을 위해서는 현상에 대한 실험과 정량적 설명이 가능한 가설에 대한 검증이 필요하다. 흥미로운 사실은 창업 또한 가설수립과 검증을 내포한 연속적 실험 과정이다. 이를 통해 위험을 줄이고 성공 요인을 빠르게 찾아 임시조직의 형태를 벗어나 초기기업으로 변모하여 고도화된 성장을 경험할 수 있는 단계로 향해 간다.

　그렇다면 가설수립이 필요한 이유는 무엇일까? J커브 모형 또는 하키스틱 모형으로 불리는 Howard Love(2016)의 스타트업 성장 모형에 따르면 스타트업은 초기 시장과 주류 시장의 간극을 넘는 죽음의 계곡을 넘어야 하며 이 과정 이후 주류 시장 편승 시 폭발적인 성장이 가능하다는 것을 제시하고 있다. 이는 Geoffrey A. Moore(1991)가 제시하는 캐즘 이론과도 그 결을 같이하고 있다. 캐즘은 땅 깊숙한 빈틈을 의미하는 지질학적 용어로 초기 시장과 주류 시장의 간극을 나타내는 용어로 함께 사용되고 있다. 이처럼 스타트업이 기존의 방식과 다른 새로운 문제해결 방안과 고객을 위한 가치제안의 제품 서비스는 고객이 수용할 수 있는 시간이 필요한 것을 의미한다. 이 과정에서 단순히 시간의 흐름으로 대중화될 수는 없다. 바로 죽음의 계곡을 넘기기 위해서는 진정으로 고객이 원하는 제품 서비스를 만들고 있는지 창업 팀 스스로 가설을 수립하여 검증하는 단계가 동반되어야 한다.

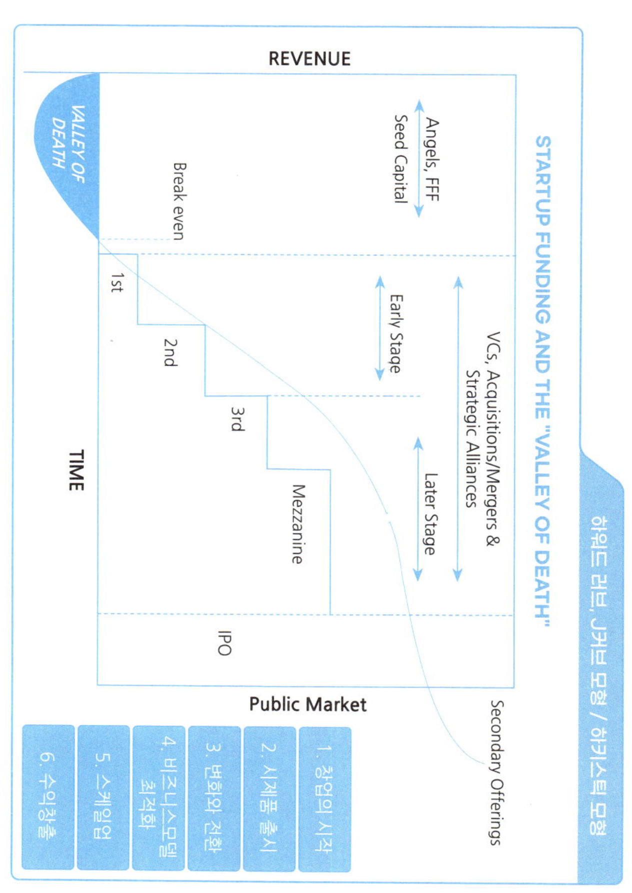

[하워드 러브, J커브 모형 / 하키스틱 모형]

가설수립 전 반드시 숙지할 사안이 있다. 바로 그것은 KPI(Key Performance Indicator) 즉 핵심성과 지표다. 피터 드러커는 다음과 같이 말했다. "측정할 수 없다면 관리 불가능하고 향상될 수 없다"고. 조직의 성과를 평가하거나 계획을 수립할 때 KPI 중심으로 디자인된다. 이때 우리가 고려할 점은 1) 과업의 목표 2) 정량화 3) 목표 기한이다. 가설을 수립할 때도 핵심성과지표를 적용하여 가설에 대한 목표를 설정하고 이를 표현하거나 측정할 수 있는 정량적 접근과 검증 기한을 정하는 타임라인이 필요하다.

가설수립 방법을 안내하기 전 짧은 소회를 나누고 싶다. 필자는 기업가정신과 창업 교육을 초등학생부터, 중학생, 고등학생, 대학생, 청년, 중년, 65세 이상의 시니어까지 전 연령층을 대상으로 진행한 경험을 지니고 있다. 이러한 경험을 바탕으로 가설수립에 대한 다양한 방법론을 교육 대상에 맞게 접목하여 시도해 보았다. 하지만 연령과 경험의 차이가 가설수립을 진행하고 검증하는데 차이가 없음을 발견했다. 물론 이것은 지극히 개인적 경험으로 서술된 부분이다. 다만 이를 통해 발견한 중요한 사실은 가설을 수립하고 검증하는 것은 누구에게나 어렵다는 사실이다.

그렇다면 어떻게 효과적으로 가설수립을 할 수 있을까? 가설수립을 위해서는 페르소나의 상황을 설명하는 것은 매우 중요하다. 그러므로 다음과 같이 CAVE 요인을 먼저 소개하고자 한다. 앞서 [챕터 2]에서 PPS(Pain Point Statement)를 실습하였다면 CAVE의 개념도 쉽게 이해할 수 있다.

Circumstance(C) 고객의 구체적 상황
Action(A) 상황에 따른 고객의 행동
Voice(V) 고객의 문제에 따른 의견
Emotion(E) 특정 상황 속 문제를 경험하는 고객의 감정

C(상황) A(행동) V(고객의 의견) E(고객의 감정)를 중심으로 고객이 ○○ 상황 속에서 ○○ 행동을 하며 ○○ 의견을 가지고 ○○ 감정을 느끼고 있을 것이라는 가설을 수립해야 한다. 다만 이것만으로는 충분하지 않다. CAVE와 함께 사용되어야 하는 개념은 바로 JTBD(Jobs to Be Done)이다. JTBD는 고객이 수행해야 할 일을 의미한다.

　클레이튼 크리스텐슨은 JTBD의 개념을 다음과 같이 설명했다. 고객은 특정한 문제를 해결하기 위해 제품 서비스를 구매하는 것이 아닌 그 문제를 해결할 제품 서비스에 대한 고용이라는 은유적 표현을 했다. JTBD의 개념을 기능적, 정서적, 사회적 요인을 기반한 복합적 개념으로 단순히 문제해결을 위한 기능적 요인에 국한된 것이 아닌 해당 과업에 대한 기능적, 정서적, 사회적 요인이 어우러진 맥락으로 고객 니즈를 파악하는 것의 중요성을 제시하고 있다. 그의 관점은 단순히 페르소나 중심의 접근법을 넘어 해결 과업에 대한 목적 기반 중심의 접근을 통해 고객 니즈를 발견하는 구체적인 대안을 제시한다. 이처럼 중요한 JTBD의 개념을 CAVE와 융합하여 다음과 같은 가설수립 방법을 실습해 보도록 하자.

창업 툴킷 7. CAVE&JTBD 가설수립 프레임워크

*본 프레임워크 실습 목적: CAVE&JTBD 가설수립 프레임워크는 고객의 상황, 행동, 의견, 감정을 기반하여 문제 정립을 통해 고객이 해결하고자 하는 핵심 과업을 정의하여 핵심 가설을 서술하고 이를 해결할 수 있는 적합도 높은 솔루션에 대한 접근을 모색하여 가설검증을 위한 기초가설 수립을 목표로 한다.

작성 방법은 다음과 같다. 정의된 문제를 구체화하여 고객이 해당 문제를 겪는 상황, 행동, 의견, 감정을 아래의 서술 내용의 형식을 맞추어 서술한다. 이를 통해 고객이 해결해야 할 과업인 JTBD의 가설 3가지를 작성한다. 해당 가설을 해결할 수 있는 아이디어를 3가지 이상 기재하여 이를 검증할 수 있는 정량적, 정성적 계획과 함께 담당자 및 담당 기한을 순차적으로 작성한다.

CAVE&JTBD 가설수립 프레임워크		
구 분	요 인	서 술
CAVE 분석	Circumstance (상황)	(해당 문제를 겪는 고객)의 (%)는 (상황)을 경험했을 것이다.
	Action (행동)	이러한 상황을 경험한 (%)의 (해당문제를 겪는 고객)은 (기존 해결 방안)을 통허 문제해결을 시도할 것이다.
	Voice (의견)	(기존 해결 방안)을 통하 문제해결을 시도하였으나 (%)의 (해당 문제를 겪는 고객)은 불만족과 실패가 있었을 것이다.
	Emotion (감정)	(해당 문제를 겪는 고객)의 (%)는 ( )감정을 느끼고 있을 것이다.
JTBD (해결 과업)	가설1	적어도 X%의 Y(고객)= Z 솔루션을 통해 해당 문제를 해결하고자 한다.
	가설2	적어도 X%의 Y(고객)= Z 솔루션을 통해 해당 문제를 해결하고자 한다.
	가설3	적어도 X%의 Y(고객)= Z 솔루션을 통해 해당 문제를 해결하고자 한다.

적합 솔루션	아이디어 1	가설 1의 Z 솔루션을 구체화한 가벼운 아이디어
	아이디어 2	가설 2의 Z 솔루션을 구체화한 가벼운 아이디어
	아이디어 3	가설 3의 Z 솔루션을 구체화한 가벼운 아이디어
검증 계획	정량적 접근	가설 1, 2, 3을 지지할 수 있는 통계 데이터 자료
	정성적 접근	가설 1, 2, 3을 지지할 수 있는 고객 인터뷰
담당 · 기한	담당자	담당자 이름
	검증 기한	검증 기한 00.00.00부터 00.00.00까지

실습 전 사용 방법에 대한 인사이트를 넓힐 수 있도록 앞서 적용한 예시를 CAVE&JTBD 가설수립 프레임워크에 적용하여 살펴보도록 하겠다.

CAVE&JTBD 가설수립 프레임워크 예시

구 분	요 인	서 술
CAVE 분석	Circumstance (상황)	사회 초년 3년 차 남성 직장인의 70%는 원치 않는 회식과 잦은 모임으로 체중 증가를 경험했을 것이다.
	Action (행동)	이러한 상황을 경험한 50%의 사회 초년 3년 차 남성 직장인은 피트니스 클럽 등록과 자발적 운동을 통해 문제해결을 시도할 것이다.
	Voice (의견)	피트니스 클럽 등록과 자발적 운동을 통해 문제해결을 시도한 이들 중 80%는 연속적 모임으로 인해 피트니스 클럽 방문이 불가하여 경제적 손실과 자기 관리의 어려움으로 인한 불만을 이야기할 것이다.
	Emotion (감정)	이러한 문제를 경험한 90%의 경험자는 의지박약이라는 인식과 무기력한 감정을 느끼고 있을 것이다.

대학생을 위한
스타트업 캡스톤 디자인

JTBD (해결 과업)	가설1	적어도 80%의 사회 초년 3년 차 남성 직장인은 다이어트 식단 조절을 통해 잦은 모임으로 인한 체중 증가를 해결하고자 할 것이다.
	가설2	적어도 50%의 사회 초년 3년 차 남성 직장인은 홈트레이닝을 통해 잦은 모임으로 인한 체중 증가를 해결하고자 할 것이다.
	가설3	적어도 30%의 사회 초년 3년 차 남성 직장인은 자전거를 활용한 출퇴근을 통해 잦은 모임으로 인한 체중 증가를 해결하고자 할 것이다.
적합 솔루션	아이디어 1	사회 초년 남성 직장인을 위한 전용 식단 조절 다이어트 앱과 밀키트 제공 서비스는 어떨까?
	아이디어 2	사회 초년 남성 직장연을 위한 전용 홈트레이닝과 이를 통해 바디프로필을 연계한 서비스는 어떨까?
	아이디어 3	사회 초년 남성 직장인을 위한 자전거 출퇴근 전용 자전거 렌트와 키트 구독 서비스는 어떨까?
검증 계획	정량적 접근	통계청 자료, 여가, 건강기능식품, 다이어트 현황 리포트, 뉴스, 논문 자료 리서치
	정성적 접근	사회 초년 1~3년 차 직장인 및 예비 남성 직장인 5인 이상 인터뷰
담당 · 기한	담당자	김00, 박00
	검증 기한	검증 기한 00.00.00부터 00.00.00까지

[CAVE&JTBD 가설수립 프레임워크 예시]

가설을 수립하기 위해서는 명확한 문제 정의와 함께 다양한 상상력이 필요하다. 물론 고객의 문제 경험에 대한 상상을 검증하는 것은 정량적 데이터를 통해 확인할 수 있고 해당 문제를 겪는 대상을 인터뷰함으로써 정성적인 접근도 가능하다. 가설을 수립하며 솔루션이 명확할 필요는 없다. 적합한 솔루션이 무엇일지 어렴풋하게 감을 잡아 보는 것도 좋은 방법이다. 예시는 예시일뿐 이제 스스로 CAVE&JTBD 가설수립 프레임워크 실습을 통해 해결 과업을 기반한 구체적인 솔루션 아이디어와 검증 계획을 세워 보도록 하자.

솔루션 디자인 1
(MVP와 PoC 접근법)

솔루션을 디자인하기 위해서는 MVP와 PoC의 개념을 이해할 필요가 있다. 창업 팀의 최초 아이디어를 기반한 제품 서비스의 형태를 시제품(Prototype)으로 표현하기도 하지만 창업의 교과서적 방법으로 통용되는 린 스타트업이 보편화되면서 프로토타입 용어보다 최소 존속제품을 의미하는 MVP(Minimum Viable Product)를 선호하는 경향이 강하게 나타났다. 물론 현장에서는 시제품을 의미하는 프로토타입과 MVP가 혼용되어 사용되고 있다.

그렇다면 MVP는 무엇인가? 프로토타입의 개념과 비교하면 이해하기 쉬울 것이다. 프로토타입은 제품 서비스의 사용성에 대한 사용자 경험을 중심으로 UI와 UX의 흐름을 시각화하고 이를 커뮤니케이션화하는 데 목적을 두고 있다. MVP는 프로토타입이 제시하는 방향에서 한 걸음 더 나아가 고객이 원하는 핵심 기능이 해당 문제를 해결하고 시장을 선도할 수 있는지 검증할 수 있는 형태를 의미한다. 말 그대로 MVP는 PSF(Problem Solution Fit) 단계를 거쳐 PMF(Product Market Fit)를 검증하는 결과물이다.

프로토타입이 제품 서비스의 청사진을 보여 주는 형태라면 MVP는 솔루션을 통해 시장검증을 내포한다. 프로토타입과 MVP를 비교하면서 숙지해야 할 개념이 하나 더 있다. 그것은 바로 PoC(Proof of Concept)이다. PoC는 개념검증으로 솔루션의 기술적 측면이 타당한지 살펴보는 것이다. MVP를 통해 고객이 원하는 솔루션 구상도 중요하지만 기술창업으로 나아가기 위한 PoC 접근도 함께 이루어져야 한다.

솔루션을 디자인하기 위해서는 T-P-M 기술(Technology)-제품(Product)-시장(Market)을 고려 해야 한다. 고객 문제해결을 위한 자사만의 독특한 기술을 가지고 있으며 실현 가능한가? 해당 기술을 통해 제품 서비스로 디자인 가능한가? 이를 수용할 수 있는 고객과 시장은 존재하는가? 해당 질문을 살펴보면 결국 솔루션 디자인 단계에서도 지속해서 고객은 사유하고 놓칠 수 없는 상수라는 사실을 확인 할 수 있다.

*본 프레임워크 실습 목적: T-P-M 프레임워크는 솔루션의 기술, 제품 서비스의 형태, 이를 수용할 수 있는 고객과 시장에 대한 아이디어를 펼쳐 보고 솔루션을 구체적으로 구상하기 위한 워밍업이다. 작성 방법은 해당 질문을 통해 답을 작성함으로써 솔루션 디자인의 인사이트를 얻길 바란다.

		T-P-M 프레임워크
요인	질문	답변
Technology 기술	해당 문제를 해결하기 위한 기술은 무엇인가?	
	자사는 해당 기술을 보유하고 있는가?	
	해당 기술 개발을 위한 방법은 무엇인가?	
Product 제품	고객 문제를 해결하기 위한 제품으 주요 기능과 서비스는 무엇인가?	
	고객이 해당 제품을 사용해야 하는 구체적 이유는 무엇인가?	
	경쟁사와 자사 제품의 차별점은 무엇인가?	
Market 시장	최초 자사의 제품을 사용하는 고객은 누구인가?	
	최초 고객이 우리 제품을 경험하고 지인에게 추천하는 이유는 무엇인가?	
	자사 제품의 시장 점유율을 높이는 아이디어는 무엇인가?	

T-P-M 기술(Technology)-제품(Product)-시장(Market)을 서술함으로써 인사이트를 얻었다면 다음 단계는 MVP의 이미지를 그려 보는 것이다. 그렇다면 왜 서술하지 않고 그려야 하는가?

세계적인 창업 멘토인 폴 그레이엄은 그의 에세이 해커와 페인터를 통해 스케치에 대한 중요성을 다음과 같이 이야기하고 있다. 페인터는 스케치를 통해 작품을 구상하며 아이디어를 확장하고 개발자는 코드를 실험함으로써 아이디어를 검증하며 확장할 수 있다는 것이다. 스케치를 반복적으로 진행함으로써 창의적 구간을 통과하고 이는 아이디어의 차별점을 발견하는 탐색적 방법이 될 수 있다. 결국 페인터와 개발자 모두 창작자이며 스케치를 통한 반복과 숙련의 연속은 새로움의 혁신을 지향하는 공통점을 지닌다고 보고 있다.

하지만 단순히 MVP 아이디어를 그리는 것으로는 충분하지 않다. 바로 기술을 기반하여 함께 그려 보는 것을 추천한다. 그렇다면 기술 도식화를 쉽게 접근 가능한 방법은 무엇일까? 이를 위해서는 솔루션 디자인 단계에 반드시 거쳐야 하는 선행기술 리서치를 함께 진행해야 한다. 선행기술 리서치 전 특허에 대한 최소한의 이해를 동반할 필요가 있다.

특허는 새로운 발명에 대한 권리를 발명자에게 일정 기간 부여하고 보호하는 법적 장치로서 산업 발전과 새로운 기술 혁신을 공개함으로써 산업 발전과 기술 개발의 선순환 구조를 구성하는 목적을 두고 있다. 특허의 핵심 요인은 기존 발명과 다른 신규성을 요구하며 산업상 이용 가능한 지점과 진보성을 요구한다는 점이다.

대한민국은 최초 발명자의 권리를 인정하는 발명우선주의가 아닌 선출원주의 즉 아이디어를 기반한 발명을 특허청에 특허출원을 통해 특허를 인정받는 선출원주의를 채택하고 있다. 기술창업으로 나아가기 위해서는 자사만의 특허를 확보해야 하고 만일 창업 팀이 당장 기술 개발이 어렵다면 기술이전을 통해 이를 해결하거나 만료 특허를 활용하여 최소한의 기술을 담보한 솔루션으로 발전시켜야 한다.

특허를 검색하는 지식재산정보 검색 서비스인 키프리스를 활용하면 다양한 특허를 살펴볼 수 있다. 다만 특허 검색 시 자사의 솔루션과 연계된 키워드를 중심으로 상세 검색을 활용하여 행정 상태에 공개, 등록을 설정하여 살펴보길 권장한다.

(키프리스 웹 사이트 주소: https://www.kipris.or.kr)

*본 프레임워크 실습 목적: 경쟁사 특허 리서치는 자사의 솔루션 아이디어와 유사한 기술을 살펴보고 경쟁사가 누구인지 확인하는 목적을 두고 있다. 실습 방법은 키프리스를 통해 솔루션 아이디어 키워드를 입력하여 상세 검색 필터(공개, 등록)를 중심으로 살펴보고 특허 명세서와 특허도면을 살펴본다. 이를 통해 주요 경쟁사 3곳의 특허를 살펴보고 자사 솔루션의 특허출원과 등록을 위한 차별 지점의 아이디어를 가늠할 수 있다.

개발대상 기술(제품/서비스) 관련 지식재산권			
구 분	지식재산권명	지식재산권출원인	출원국 / 출원번호
경쟁사 특허			
경쟁사 특허			
경쟁사 특허			

　　선행기술 리서치가 끝났다면 이제는 본격적으로 MVP를 그릴 시간이다. 다만 경쟁사 특허 리서치를 통해 창업 팀이 해결하고자 하는 문제를 이미 해결하는 기술이 있다고 해도 큰 실망하지 않길 바란다. 세상에는 새로운 것이 존재하지 않는다.

또한 혁신은 기존의 상태보다 조금 더 나아진 상태를 의미하는 유에서 유를 창조하는 과정이다.

그러므로 실망보단 더 나은 개선된 혁신의 상태를 지향하길 바란다. 이를 위해서는 창의적인 태도가 필요하다. 어떻게 창의성을 발현하여 MVP를 스케치하고 모색할 수 있을까? 창조하는 뇌의 저자 데이비드 이글먼은 창의성의 요인을 휘기(Bending), 쪼개기(Breaking), 섞기(Blending)로 규정하고 있다. 이를 적용하면 기존 아이디어와 기술을 변형한 휘기와 기술의 주기능을 쪼개거나 섞어 보는 것도 방법이 될 수 있다. 창의적인 순간은 항시 모방을 동반한다.

중고 거래 플랫폼 중 하나인 당근마켓은 판교장터로 판교 안에서 작은 실험을 통해 시작했다. 이들의 모험은 당시 네이버 중고나라 카페와 비교하면 회의적인 시선을 받을 수 있다. 전국 규모의 거대한 중고 거래 플랫폼이 존재하는데 해당 서비스가 고객으로부터 선택받을 수 있는지에 대한 의문은 충분하다. 그러나 그 의문은 지역 안에서 C2C(고객과 고객 간의 거래)를 통해 말끔하게 해소되기 충분했다. 기존 중고 거래 방식을 깨고 지역 안에서 고객과 고객의 만남이라는 새로운 가치가 당근마켓의 성공 요인이다. 이처럼 기존의 아이디어와 유사하거나 비슷한 산업으로 겹치더라도 또는 해당 기술이 이미 기존 시장을 장악하고 있어도 실망하지 않고 혁신의 투지를 반드시 기억하자.

창업 툴킷 10. MVP & 기술 도식화 스케치

*본 프레임워크 실습 목적: MVP의 주기능과 전체적인 이미지를 손으로 직접 그려 보고 해당 기술 도식을 함께 스케치함으로써 MVP 개발에 대한 구체적인 솔루션 디자인안을 도출할 수 있다. 해당 스케치는 제한이 없어 반복적으로 손으로 그려 보고 이미지를 통해 향후 솔루션 디자인의 방향을 논의 가능하다.

대학생을 위한
스타트업 캡스톤 디자인

비즈니스 모델 디자인

솔루션 디자인의 초안을 잡았다면 이제부터 함께 작업해야 하는 과정은 바로 비즈니스 모델 디자인이다. 비즈니스 모델에 디자인이라는 용어를 사용하는 이유는 무엇일까?

이를 이해하기 위해서는 디자인에 대한 정의를 살펴볼 필요가 있다. 디자인은 인간 중심의 니즈를 발현하는 형태와 기능의 맥락을 만들며 의미를 수집하는 과정이다. 그렇다면 비즈니스 모델은 무엇일까? 비즈니스 모델을 전략으로 이해하는 경향도 있지만 더 심플하게 접근하면 비즈니스 모델은 바로 돈을 버는 청사진이다. 창업가와 창업 팀이 발견한 문제를 해결하는 새로운 아이디어를 통해 가치 창출로 혁신을 이어간다면 어떻게 수익을 실현할 수 있는지에 대한 명료한 설명이다.

물론 이러한 수익모델 외에도 비즈니스 모델은 이를 지지하는 또 다른 축인 운영모델을 함께 내포하고 있다. 단순히 수익을 잘 창출하는 것으로 설명이 끝나지 않는다는 것이다.

바로 이를 지속할 수 있는 시스템인 운영모델의 축이 함께 지탱되어 균형을 이룰 때 비즈니스 모델은 비로소 지속 가능한 모습으로 실현된다. Brown(2009)은 디자인의 개념을 확장하여 문제 발견과 정의 그리고 이를 해결하는 과정 안에서 사용자 중심의 비즈니스 모델 탄생의 방법으로 보고 있다. 이러한 관점과 맥락은 확산적 사고와 수렴적 사고를 반복하여 새로운 창의적 접근을 시도하는 디자인씽킹의 근간이 되기도 하며 이는 비즈니스 모델을 디자인하는 방법론으로도 선호되고 있다.

비즈니스 모델을 디자인하는 다양한 방법론이 있지만 저자는 애쉬 모리아가 제안한 린 캔버스(Lean Canvas)를 통해 접근하고자 한다. 린 캔버스는 기존 비즈니스 모델 캔버스(Business Model Canvas)를 보완(경쟁자 분석 요인을 통해 객관성 확보)하는 장점을 갖추고 있다. 시시각각 상황이 변하는 스타트업 특성상 현재 시점을 반영하여 앉은 자리에서 15분 이내 의식의 흐름을 맞추어 작성하는 것을 권장하고 있다.

 대학생을 위한
스타트업 캡스톤 디자인

*본 프레임워크 실습 목적: 린 캔버스의 실습은 비즈니스 모델의 수익모델과 운영모델의 균형을 살펴볼 수 있다는 장점을 지닌다. 이를 통해 창업 초기 활동에 필요한 사안과 의사결정 치계를 신속하게 판단할 수 있는 방법론이다. 이를 확장하면 사업계획서 작성이 가능하며 프로젝트 단위로 반복적으로 사용할 것을 권장한다. 의식의 흐름에 따라 다음과 같이 1~9 순서로 작성할 수 있다.

이제부터 린 캔버스의 작성 방법을 세세하게 살펴보자. 흥미로운 사실은 의식의 흐름을 기반해서 애쉬 모리아는 린 캔버스 작성을 제시하고 있다. 가장 먼저 작성해야 하는 것은 바로 첫 단추인 문제이다. 앞서 언급한 창업의 알파와 오메가는 문제라고 분명하게 우리는 학습했을 것이다. 린 캔버스에서도 문제는 바로 그 첫 단추를 의미한다. 그렇다면 문제 다음 작성하는 단계는 무엇일까? 바로 해당 문제를 겪는 고객이다. 이는 문제와 고객의 적합도가 맞지 않으면 이야기의 맥락 자체가 형성될 수 없다. 바로 논리가 부족하다는 의미다. 그러므로 문제와 고객의 적합도는(CPF) 창업 팀이 처음으로 마주하며 진지하고 치열하게 다루어야 할 논쟁거리이자 성공적 창업을 위한 나침반이다.

지금까지 ①문제 → ②고객 단계까지 접근해 보았다. 문제에서 세 가지 문제를 서술하라고 했지만 단 하나의 문제를 작성하는 것도 무리가 없다. 다만 중요한 것은 무엇일까? 첫 단추라고 표현한 것처럼 제시한 문제를 겪는 대상 즉, 고객이 해당 문제를 경험하는 가정에서 출발해야 한다. 이는 첫 단추를 올바르게 채우는 것과 같다는 것을 반드시 기억하자.

③UVP(고유의 가치제안)은 매우 모호하고 애매한 개념처럼

다가올 수 있다. 이는 스티브 블랭크의 고객개발론에서 다루어진 개념으로 CVP(고객가치제안)와 같은 관점을 가진다. 그렇다면 유니크한 가치 기반의 포지션을 의미하는 UVP(고유의 가치제안)를 어떻게 이해할 수 있을까? 그리고 왜 린 캔버스 작성에서 세 번째 단계를 해당 작성을 요구하는 것일까?

고객에게 특별한 가치를 담은 솔루션이 아니라면 시장에서 생존할 수 없다. 이는 창업 팀의 경쟁력이 부재한 것을 의미한다. 그렇다면 UVP(고유의 가치제안)의 실체를 어떻게 알 수 있을까? 생수를 예로 들어 보자. 대한민국에서 유통되는 생수의 브랜드만 해도 이백여 개가 넘는 생수가 유통되고 있다. 물론 이는 해외 브랜드 생수를 포함한 현황이다.

각각의 생수가 지닌 고유의 가치제안은 무엇일까? 어느 제조사는 깨끗한 물을 지향할 수도 있고 어느 제조사는 건강한 물을 지향할 수 있다. 또는 가격을 저렴하게 내세울 수도 있고 친환경을 우선으로 포지션할 수도 있다. 이처럼 생수도 각 브랜드가 고객에게 제안하는 가치는 제각각이다. 여러분도 잘 알고 있는 제주 지역의 S 생수를 떠올려 보자. 과거 제주 지역의 S 생수를 유통 판매하던 곳은 N사였다 하지만 현재는 K사가 유통 판매하게 됨으로써 N사는 백두산 인근의 물을 내세운 B 생수를 출시하게 되었다.

이제 이를 고유의 가치제안에 대입해 보자. 제주도의 깨끗한 지하 암반수를 고객에게 전달하는 S 생수와 백두산 인근의 물을 고객에게 제안하는 B 생수는 이백여 가지가 넘는 다양한 생수 중 고유한 자신만의 색을 지니고 있다. 이처럼 고객이 느끼는 분명한 가치와 독특함을 제안하는 것이 고유의 가치제안이다.

문제와 고객 다음 고유의 가치제안을 서술하라고 요청한 이유는 바로 ④솔루션 작성 전 이러한 독특함과 가치를 담은 경쟁력 있는 솔루션을 서술 가능한지 확인하기 위함이다. 이를 바탕으로 솔루션을 서술하면 다음 단계는 바로 이를 홍보하고 마케팅하며 파트너십을 맺을 수 있는 ⑤채널이다.

여기까지 작성이 되었다면 현재 흐름을 상상하여 비즈니스가 순항하고 있다는 가정을 해 보자. 어떠한 일이 발생할까? 그렇다. 바로 수익이 실현된다. 그러므로 의식의 흐름으로 진행된다면 ⑥수익원인 수익구조를 작성할 수 있다. 이때 수익원을 B2C, B2B, B2G 기타 등등 다양한 수익모델을 작성하는 것도 방법이다. 또는 구체적인 안을 작성하지 않더라도 어렴풋한 수익의 형태를 반드시 서술하길 바란다.

　수익만 발생했다면 좋겠지만 비즈니스를 유지하기 위해서는 고정비용과 변동비용의 개념을 이해할 필요가 있다. 바로 고정비로 작동할 수 있는 예는 사무실 렌트 비용부터 인건비와 세금 기타 등등이 포함될 수 있다. 변동비는 무엇이 반영될 수 있을까?

　비즈니스 상황에 맞추어 적용되는 마케팅과 홍보 및 기타 활동비용이 포함된다. 수익원 작성 이후 작성해야 하는 부분은 바로 ⑦비용 구조이다. 비용 구조를 세세하게 작성하는 것도 좋지만 우선으로 고려해야 하는 사안은 기본적인 고정비와 변동비를 이해하여 창업 팀이 감당할 수 있는 컨디션을 파악하는 것이다.

　비용 구조까지 살펴보았다면 ⑧핵심 지표를 설정하는 것이다. 앞서 우리는 KPI(핵심성과지표)를 학습했고 이해하고 있다. 그렇다면 핵심 지표는 어떻게 설정해야 할까? 바로 프로젝트가 목표에 맞게 기한 내 목적을 달성했는지를 확인하기 위해 이를 정량화하여 평가할 수 있는 기준을 세워야 한다. 그러므로 현재 상황에 맞는 핵심성과지표를 세우는 것이다. 프로젝트 목적에 따라 핵심성과지표는 달라질 수 있다. 그러므로 핵심성과지표를 제대로 설정하고 평가하는 것은 비즈니스 항해의 등

대가 될 수 있다는 것을 기억하자.

핵심 지표 이후 마지막 항목은 ⑨경쟁우위이다. 경쟁우위는 주관적인 것이 아닌 객관적 사실을 근거해서 작성하는 것이 좋다. 단순히 타사 대비 뛰어난 기술력 이러한 표현이 아닌 ○○ 인증시험 통과와 타사 제품 서비스 대비 특정한 기능이 ○○% 향상되어 ○○%의 시장 점유율을 가진 창업 아이템으로 정량적 근거를 바탕으로 사실적 관점의 경쟁우위를 작성해야 한다.

지금까지 린 캔버스의 9가지 항목을 작성하는 방법을 세세하게 살펴보았다. 린 캔버스를 통해 비즈니스 모델과 관련된 수익모델과 운영모델을 살펴볼 수 있으며 앞서 언급한 것처럼 사업계획서로 발전시킬 수 있다. 사업계획서를 작성하는 이유는 다음과 같다.

1) 자신의 사업에 대한 객관화 2) 투자 유치 3) 인재를 영입하기 위한 팀 빌딩 용도이다. 즉 비즈니스 모델에 대한 가능성을 사업계획서를 작성함으로써 객관화하고 이를 통해 시드 단계부터 차근차근 투자 유치 기회를 확장하며 인재를 영입하기 위한 핵심 장치로 활용할 수 있다. 이처럼 사업계획서를 단단하게, 내실 있게 작성하기 위해서는 비즈니스 모델 디자인이 중

요하다. 그러므로 린 캔버스를 반드시 여러 차례 프로젝트 현황에 맞게 앉은 자리에서 15분 이내 의식의 흐름을 맞추어 작성해 보자.

린 캔버스 (Lean Canvas)

문제 Problem	솔루션	고유의 가치 제안	경쟁우위	고객군
가장 중요한 세 가지 문제점	Solution 가장 중요한 세 가지 기능	Unique Value Proposition 제품을 구입해야 하는 이유와 다른 제품과의 차이점을 설명하는 알기 쉽고 설득력 있는 단일 메시지	Unfair Advantage 다른 제품이 쉽게 흉내 낼 수 없는 특징	Custromer Segments 목표 고객
	핵심 지표 Key Metrics 측정해야 하는 핵심 활동		**채널** Channels 고객 도달 경로	

비용 구조 Cost Structure
고객 취득 비용, 유통 비용, 호스팅, 인건비 등

수익원 Revenue Streams
매출 고델, 생애가치, 매출, 매출 총이익

스타트업을 위한 고객 인터뷰

솔루션과 비즈니스 모델을 고도화하는 작업을 진행하면서 반드시 함께 수행해야 하는 것은 앞서 계획한 가설 검증의 단계이다. 이를 통해 고객이 원하는 방향으로 제품 서비스가 탄생되고 창업 팀의 확증편향을 깨며 생존의 길을 향해 갈 수 있다. 가설 검증을 위해 사용되어야 하는 방법을 압축적으로 논하자면 정량적 데이터와 정성적 데이터를 함께 대조하며 고객의 숨겨진 니즈를 파악하는 것이다. 정량적 데이터는 통계 자료와 논문, 뉴스 기반의 수치화된 근거를 통해 고객 니즈를 유추할 수 있다.

하지만 실제 고객의 목소리를 듣는 정성적 접근도 매우 중요하다. 그 이유는 인간의 행동과 마음을 정량적 데이터로 모두 설명할 수 없기 때문이다. 이러한 연유로 기업들은 새로운 제품 서비스를 선보이는 과정에서 예비 고객을 모아 놓고 포커스

그룹 인터뷰를 통해 기업이 놓치고 있는 고객 관점의 사용성을 보완하고 제품 서비스를 고도화해 가고 있다. 여기서 드는 의문은 바로 리소스가 부족한 스타트업에서 어떻게 효과적으로 고객 인터뷰를 할 수 있는가에 대한 지점이다. 이를 위해 스타트업의 고객 인터뷰와 관련된 내용을 함께 살펴보고자 한다.

1. 고객 인터뷰 방식과 질문 디자인 전 누구를 대상으로 인터뷰할 것인지를 검토하라.

고객 인터뷰를 준비하면 인터뷰 방식과 질문을 디자인하는 것을 우선으로 생각하기 쉽다. 하지만 제대로 된 질문이 중요한 것 이상으로 창업 팀이 살펴보고자 하는 인터뷰 대상이 누구이며 어떻게 인터뷰 대상을 선별할 것인지를 고민하여 출발하는 것이 인터뷰의 정밀도를 높일 수 있다. 이를 위해 기술 수용 주기(Technology Adoption Life Cycle) 이론을 이해할 필요가 있다. 해당 이론이 흥미로운 줄은 1943년 미국의 아이오와 농부들의 이야기로부터 시작되기 때문이다. 라이언과 그로스는 아이오와의 농부들이 새로운 옥수수 종자를 수용하여 활용하는 시점을 조사했다. 이를 통해 새로운 기술이 사람들에게 수용되고 대중화되는 특정한 패턴이 있음을 발견하게 되었고

해당 연구를 에버렛 로저스가 체계화하여 기술을 수용하는 이
들의 특성을 다섯 가지 유형으로 제시했다.

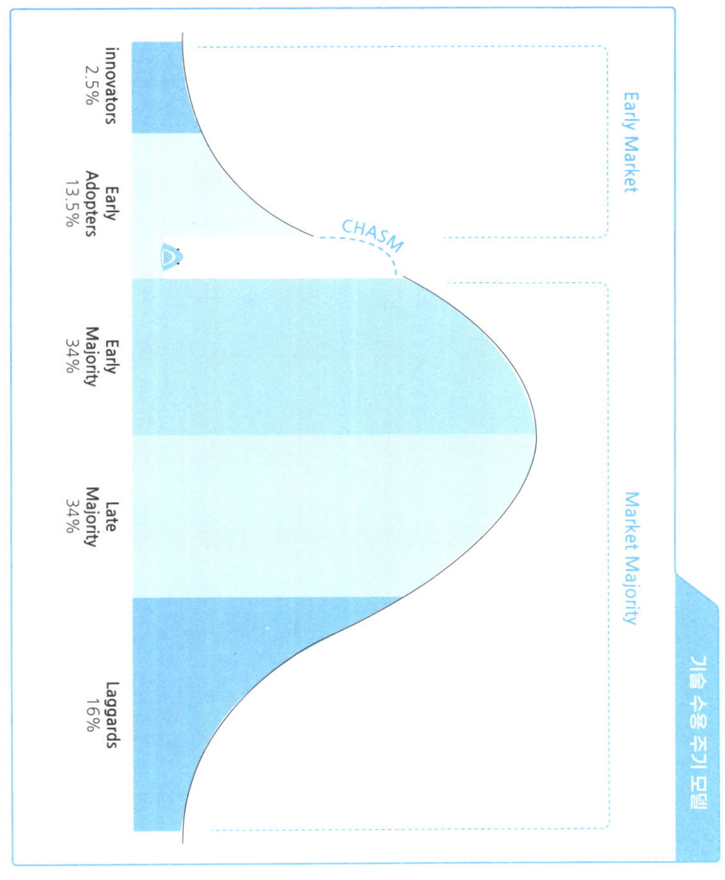

[기술 수용 주기 모델]

 대학생을 위한
스타트업 캡스톤 디자인

다섯 유형은 다음과 같다. 1) 전체 인구 중 약 2.5%의 비율을 차지하는 혁신 수용자(Innovators) 2) 전체 인구 중 약 13.5%를 차지하는 초기 수용자(Early Adopters) 3) 전체 인구 중 약 34%를 차지하는 전기 다수 수용자(Early Majority) 4) 전체 인구 중 약 34%를 차지하는 후기 다수 수용자(Late Majority) 5) 전체 인구 중 약 16%를 차지하는 지각 수용자(Laggards)이다.

이들의 특성을 쉽게 이해하기 위해 피부미용을 예로 들어 보자. 만일 전체 인구 중 약 2.5%를 차지하는 혁신 수용자들은 피부미용에 있어 어떤 방법을 취하거나 기술을 수용할 수 있을까? 대한민국은 줄기세포와 관련하여 규제가 많다.

하지만 우리보다 조금 더 자유로운 일본의 경우 이를 활용한 미용 목적의 시술이 가능하다. 혁신 수용자들은 국내가 아닌 해외를 떠돌며 줄기세포와 바이오 기술을 활용한 피부미용 서비스를 받을 가능성이 있다. 얼리어답터로 불리는 초기 수용자는 어떠한 모습을 취하고 있을까? LED 마스크팩부터 홈케어 장비를 무장하여 관리를 할 가능성이 높다.

이처럼 혁신 수용자와 초기 수용자는 앞단의 새로운 기술을 수용하고 선도하는 초기그룹이자 초기 시장의 고객 특성을 지닌다. 보편적인 주류 시장의 비율의 68%를 차지하는 전기 다수 수용자와 후기 다수 수용자는 어떤 특성을 나타낼 수 있을까? 전기 다수 수용자는 피부미용 관리도 받을 수 있고 고가의 화장품을 사용할 가능성도 있다. 후기 다수 수용자는 화장품에 대한 품질을 신경 쓰며 소위 말하는 가성비를 중시하는 합리적인 소비를 지향할 수 있다. 지각 수용자는 어떠할까? 이들은 피부미용에 큰 관심이 없을 수도 있고 때에 따라 핸드크림을 얼굴에 발라도 크게 무방한 특성을 나타낼 수 있다. 그만큼 기술 수용을 비롯한 제품 서비스 소비에 있어 보수적이며 무감각하다는 의미를 지닌다.

왜 기술 수용 주기와 다섯 유형의 특성에 관심을 가져야 할까? 인터뷰를 진행하게 되면 보통 주류 시장 안에 속해 있는 전기 다수 수용자와 후기 다수 수용자를 대상으로 한 인터뷰 진행 확률이 높고 이는 창업 팀이 예상하는 보편적 답이 도출되므로 이를 고객의 니즈로 규정하는 심각한 오류를 범할 수 있기 때문이다.

이러한 현상은 창업 팀이 세운 가설이 100% 옳다고 믿는 착시를 일으킨다. 그러므로 보편적인 이들을 대상으로 한 인터뷰를 넘어 극단적인 두 그룹(혁신 수용자와 초기 수용자), (지각 수용자)을 포함한 인터뷰를 진행해야 다양한 관점의 인사이트가 도출되고 정량적 데이터와 이들의 인터뷰 내용을 대조함으로써 창업 팀이 세운 가설에 대한 오차 범주를 줄여 갈 수 있다.

2. 제이콥 닐슨(Jakob Nielsen)의 마법의 숫자 5를 기억하라.

인터뷰 대상 그룹을 선정했다면 그룹당 몇 명의 대상을 인터뷰해야 하는지에 대한 고민이 있을 수 있다. 이를 스타트업의 컨디션에 맞추어 합리적으로 적용할 수 있는 방안은 바로 제이콥 닐슨이 제시한 마법의 숫자 5를 기억하는 것이다.

닐슨은 사용성 실험을 5명을 집중적으로 진행한 결과 약 85%의 문제를 확인 할 수 있었다. 이는 앞서 살펴본 인터뷰 대상 그룹을 세 부류로 나누어 그룹 1(혁신 수용자, 초기 수용자), 그룹 2(전기 다수, 후기 다수 수용자), 그룹 3(지각 수용자) 각 그룹당 적정 인원을 고려해 총 5명의 인원을 대상으로 인터뷰하는 방법으로 적용할 수 있다.

다만 인터뷰 응답에 대해 무성의한 대답을 할 수 있는 응답자의 변수를 고려하여 최소 2~3명을 추가한 7~8명 정도를 인터뷰하는 것을 권한다. 세 그룹에 대한 인터뷰 참여자가 7~8명이어도 이를 1회 인터뷰로 마무리 짓는 것이 아닌 인터뷰 대상을 새롭게 구성하고 섭외하여 최소 5번 이상(기술 수용 주기에 따른 특성이 다른 3그룹, 인터뷰 대상 인원 7~8명 구성) 진행하는 방향을 추천한다.

이를 통해 인터뷰를 통한 왜곡된 해석을 방지할 수 있다. 부가적으로 인터뷰 참여자를 대상으로 별도 설문 진행 시 통계 분석을 위한 최소한의 모수인 30명 이상이 확보되고 SPSS와 같은 통계 패키지를 활용하여 인사이트를 넓히는 데이터 분석 기회가 가능하기 때문이다.

3. 인터뷰 방식과 인터뷰 질문을 디자인하라.

인터뷰 방식과 질문을 어떻게 디자인할 수 있을까? 스타트업의 인터뷰는 논문 작성을 위한 정성적 연구처럼 진행할 필요는 없다. 다만 기본적 형식을 갖추어 고객 문제해결을 위해 발견되지 않은 그들의 잠재된 니즈를 발견하는 것이 주목적이다.

이를 위해 크게 인터뷰 방식은 세 방식으로 접근할 수 있다. 구조화된 방식과 반구조화 그리고 비구조화 방식이다.

구조화된 인터뷰 방식은 동일한 규칙과 준비된 질문을 바탕으로 진행되는 것이 특징이며 반구조화 방식은 준비된 질문 외

인터뷰 응답자의 답변 흐름에 따라 개방적 질문을 추가하거나 유연성을 지닌다. 마지막으로 비구조화 인터뷰 방식은 체계적인 질문이 반드시 준비될 필요는 없으며 개방적 질문과 함께 즉흥적인 이야기의 흐름을 따라 인터뷰 전개가 가능한 방식이다. 이처럼 인터뷰 방법은 세 가지 형식을 통해 진행할 수 있다.

인터뷰 질문의 디자인은 고객 니즈를 파악하는데 유용한 도구가 될 수 있다. 인터뷰 진행 시 표면적인 접근의 질문으로 시작하여 심층적인 질문을 던지며 진행하는 것이 효과적이다.

이를 위해 부담이 적은 질문을 시작으로 고도화된 순서의 질문으로 순서를 배치하는 것도 방법이 될 수 있다. 물론 사용성 테스트나 목적에 따라 이러한 방법이 100% 적합도가 맞는 것은 아니다. 그러므로 상황에 맞게 판단하여 인터뷰 방식을 고려하길 바란다.

인터뷰 방식에 대한 고민이 끝났다면 이제부터 시작해야 할 과업은 바로 인터뷰 진행 시 사용될 질문에 대한 디자인을 창업 팀이 함께 모색하여 결정하는 단계로 구성원의 열띤 토론과 아이디어의 객관화를 바탕으로 본 과정이 이루어져야 한다. 이를 쉽게 접근하기 위해 저자는 다음과 같은 방법을 제시하고자 한다.

*본 프레임워크 실습 목적: 효과적인 인터뷰 진행을 위한 인터뷰 질문 디자인 방법을 통해 고객의 숨겨진 니즈를 발견하고 창업 팀이 고객 문제를 해결하기 위한 솔루션 구상 방안을 객관화할 수 있다.

본 프레임워크 사용 방법은 다음과 같다. 창업 팀이 발견한 문제를 간단히 서술하고 해당 문제에 관련된 최신 뉴스와 정량적 데이터(통계 자료)를 통해 고객이 느끼는 페인 포인트가 무엇인지 리서치를 통한 질문을 구성한다. 그다음 해당 이슈와 관련된 질문은 세부적으로 작성하는 것으로 1) 문제 정의를 서술 2) 해당 문제와 관련된 최근 현상을 나타내는 뉴스와 통계 자료와 같은 정량적 데이터를 리서치해 주요 질문의 축을 설정 3) 리서치 질문의 각 세부 영역에 맞는 인터뷰 질문을 작성하여 고객 인터뷰 질문을 디자인할 수 있다.

문 제	리서치 질문	인터뷰 질문

해당 실습의 이해를 돕기 위해 여전히 논쟁이 되는 일본 오염수 방류와 관련해서 인터뷰 질문 구성을 예시로 살펴보자. 문제는 오염수 방류로 인한 해산물 소비 감소이다. 리서치 질문을 쉽게 구성하는 방법은 문제 현상에 대해 뉴스 빈도를 살펴보며 핵심 키워드를 도출하여 리서치 질문을 구성하는 것이다.

다음의 예시를 참고하여 인터뷰 질문 디자인의 인사이트를 얻길 바라며 실제 창업 팀의 프로젝트를 중심으로 실습 진행을 시도하길 권한다.

문 제	리서치 질문	인터뷰 질문
오염수 방류로 인한 해산물 소비 감소	오염수 방류 이전 해산물 소비 패턴	☐ 일주일에 평균 몇 회 정도 해산물을 즐겨 드시나요?
		☐ 해산물을 주로 즐겨 먹는 장소는 어디인가요?
		☐ 주로 섭취하는 해산물의 종류는 무엇인가요?
	오염수 방류로 인한 해산물 인식 변화	☐ 오염수 방류가 해산물에 직접적 영향을 미친다고 생각하시나요?
		☐ 오염수 방류 이후 국내 해산물의 안정성이 우려 되시나요?
		☐ 정부의 해산물 방사능 측정의 결과를 신뢰 하시나요?
	오염수 방류 이후 해산물 섭취 의사	☐ 오염수 방류 이후 해산물 구매 경험이 있으신가요?
		☐ 오염수 방류 이후 외식 메뉴 선택 중 해산물이 배제되었나요?
		☐ 오염수 방류와 관계없이 꾸준히 해산물을 섭취하고 계신가요?

[인터뷰 질문 프레임워크 예시]

대학생을 위한
스타트업 캡스톤 디자인

가설 검증

솔루션 디자인과 함께 고객 인터뷰를 통해 가설수립에 대한 검증을 시도하고 있는가? 가설 검증을 반드시 해야 하는 이유는 고객이 원하는 제품과 서비스를 만들기 위함이다. 이는 지속 가능한 기업 활동의 근간을 찾아가는 필수적 통과의례다. 창업 팀이 세웠던 가설과 다른 고객 니즈 결과가 나타난다면 어떻게 해야 할까? 바로 그때는 과감히 고객이 원하는 방향으로 전환하는 피보팅(Pivoting)을 해야 한다. 이를 무시하고 창업 팀이 최초 아이디어를 고수한다면 시장에서 참패 확률은 높아지며 이는 지속 가능한 창업 활동의 이유를 상실할 수 있다. 피보팅의 과정은 고객의 니즈를 발견하는 창업 팀의 학습을 통해 이루어진다. 바로 이 학습은 가설 검증을 통해서만 이루어질 수 있다.

그렇다면 효과적인 가설 검증은 어떤 방법으로 접근할 수 있을까? 앞서 학습한 가설수립에 대한 방법을 실습했다면 창업 팀은 다양한 가설을 제시할 수 있을 것이다. 이를 압축적으로 두 타입으로 정리하여 A/B(스플릿) 테스트를 진행할 수 있다.

해당 방법론은 스타트업의 솔루션에 대한 가설 검증에 보편적으로 사용되는 방법으로 솔루션에 대한 1안 A타입과 2안 B타입으로 구분하여 고객의 반응과 선호도를 살펴봄으로써 고객 니즈에 타당한 솔루션을 구체화하는 것에 기여 가능하다.

창업 툴킷 13. 가설 검증 A/B 테스트 카드

*본 프레임워크 실습 목적: 가설 검증 A/B 테스트 카드는 핵심 가설수립을 통한 솔루션 아이디어 2타입(A솔루션, B솔루션)을 기반해서 A타입과 B타입의 가설을 비교하여 가설 중요도(상/중/하)와 가설 검증에 대한 실험 비용(상/중/하) 및 이를 뒷받침할 수 있는 데이터 신뢰도(상/중/하)를 직관적으로 작성할 수 있으며 측정 방법에 대한 소요 시간(상/중/하) 기재와 가설 검증 판단 여부를 확인할 수 있는 서술을 통해 A타입과 B타입에 대한 비교를 직관적으로 할 수 있다.

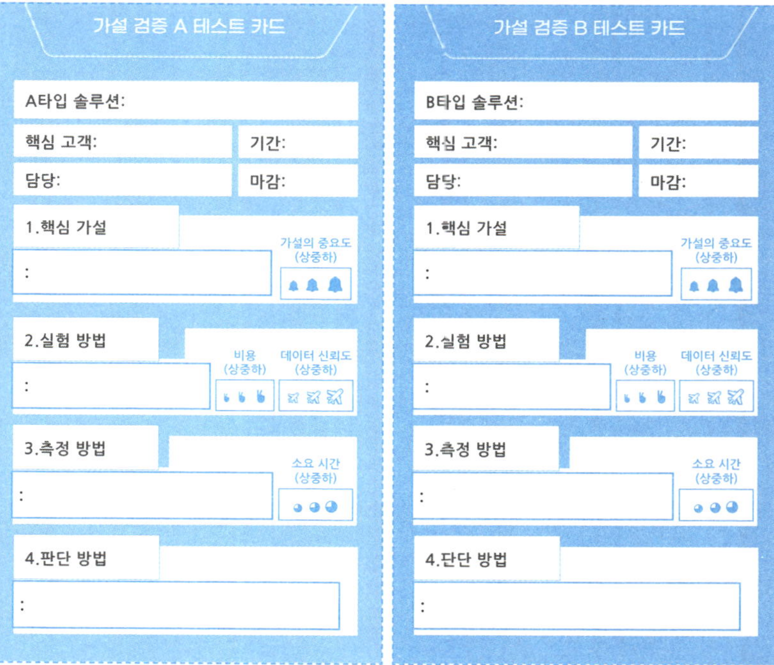

가설 검증 A/B 테스트 카드를 통해 창업 팀이 고객 니즈에 부합하는 솔루션 A와 B를 압축적으로 해당 카드에 기입하고 직관적인 비교를 통해 솔루션에 대한 의사결정을 할 수 있다. 이때 중요한 것은 실험 방법은 가설을 검증할 수 있는 핵심 고객을 중심으로 진행하되 타당성을 입증할 수 있는 데이터를 기반해서 진행하면 좋다.

측정 방법 또한 정량적인 접근을 시도하되 판단 여부는 추상적이지 않고 직관적이면서 데이터 중심으로 서술하여 이를 최종적인 가설 증명과 함께 적합 솔루션을 창업 팀이 합리적으로 결정할 수 있도록 진행한다. 물론 가설 검증 A/B 테스트 카드를 단지 두 장 적는 것으로는 부족할 것이다. 2~3회 걸쳐 다양한 가설을 검증하되 검증이 끝난 아이디어를 신규 가설과 대조하여 여러 차례 비교하고 이를 통해 고객 지향적 방향의 솔루션이 완성될 수 있는 기틀을 마련해야 할 것이다.

가설 검증 시 MVP와 관련해서 긍정적 관점과 부정적 관점 모두 고객에게 질문하길 바란다. 만일 긍정적인 대답을 했던 고객이 부정적 관점에서 대답하면 어떤 느낌을 받을 수 있을까?

바로 그 순간이 우리가 찾는 가설에 대한 고정관념을 깨는 A-ha(아하) 모멘트가 성립될 수 있다. 이는 마치 유레카(Eureka)와 같은 의미로 창업 팀이 미처 생각지도 못한 그리고 전혀 예상할 수 없던 의견을 들음으로써 고객의 숨겨진 근원적 니즈를 발견하는 것이다. 그리고 이러한 순간을 경험한다면 바로 그 자리에서 기록하고 이를 솔루션에 적용할 수 있도록 창업 팀 내부에도 반드시 전체 공유가 필요하다.

가설 검증은 우리가 듣고 싶은 대답을 듣는 것이 아닌 고객 관점에서 창업 팀의 예상을 뛰어넘는 순간이다. 그만큼 디테일이 요구된다. 하지만 무겁게 진행할 필요는 없다. 주안점은 빠르게 여러 차례 핵심을 기반해서 검증하고 생존한 가설을 끊임없이 새로운 가설과 대립하게 함으로써 고객 친화적 솔루션으로 가치를 증명하는 것이다. 그것이 바로 가설 검증의 핵심이다.

솔루션 디자인 2
[사용성 고도화를 위한 사용성 휴리스틱]

가설을 검증하며 함께 작업이 이루어져야 하는 부분은 바로 솔루션 디자인이다. 앞서 솔루션 디자인의 초안을 다루었기 때문에 MVP와 PoC에 대한 개념을 이해하리라 판단된다. (이 부분이 기억나지 않는다면 챕터 5를 살펴보고 복습을 권한다.) 본 [챕터 9]에서는 가설 검증을 완료하여 명확한 타겟 고객이 설정되었다는 전제로 솔루션 고도화 방법을 제안한다.

창업 팀이 고객 니즈를 파악하여 솔루션 방향 설정이 정해져도 고객에게 친화적인 사용성을 담보한 솔루션을 디자인하는 것은 MVP를 공개하고 제품 서비스를 출시하기 전까지 끈기를 가지고 도전해야 하는 창업 팀의 과제이다.

그리고 이와 함께 다루어야 할 사안이 바로 특허를 출원하는 것이다. 보통 준비가 덜 된 상태라면 특허 가출원을 진행할 수 있지만 MVP가 제작 중이고 이를 증빙할 수 있는 자료가 충분하다면 정식 출원을 통해 기술 보호와 벤처기업으로의 인증을 향해 빠르게 나아갈 수 있다. 특허출원 이후 심사가 상당 시간 소요되므로 최대한 빠른 심사 결과를 통해 등록까지 순항하기 위해서는 시간을 확보하는 것이 유리하므로 특허출원 시 우선 심사를 신청하여 진행하는 것이 좋다.

솔루션 디자인을 고도화하기 위해 고객 사용성을 높이는 방안을 적용해 보도록 하자. UX(사용자 경험) 중점의 사용성을 고려하기 위해서는 사용성 휴리스틱(Usability Heuristics for User Interface Design) 요인을 적용하는 것이 효과적이다. 해당 방법론은 닐슨노먼그룹(Nielsen Norman Group)에서 제시하고 있으며 각 요인은 다음과 같다.

1. 시스템 상태 가시성: 솔루션 사용 고객이 제안된 시스템 구조 안에서 일어나는 현상을 쉽게 파악하고 피드백이 제공될 수 있는가?

2. 시스템과 실존 세계의 일치성: 솔루션 사용 고객의 언어와 현실적 맥락이 적용되어 이들에게 친숙한 환경을 제공하

고 있는가?

3. 사용자 통제력과 자율성: 솔루션 사용 중 고객이 오류를 경험하는 상황에서 쉽게 취소할 수 있으며 재실행을 할 수 있는가?

4. 일관된 표준성: 솔루션 시스템 안에 사용되는 용어와 구동 방식이 일관되며 고객이 이해할 수 있는 표준을 갖추고 있는가?

5. 에러 방지: 솔루션 사용 중 고객이 오류를 발견할 수 있는 요인은 없는가?

6. 고객 기억보다는 직관적 인식 제공: 솔루션 이용 중 고객의 기억을 통해 사용성을 강화하는 것이 아닌 직관적 화면을 통해 인식 가능한가?

7. 유연한 사용성과 효율: 솔루션 사용 고객의 사용 이해도의 편차와 무관하게 효율적 사용을 위한 기능을 제공하고 있

는가?

8. 미니멀리즘과 심미성: 솔루션어 간결한 디자인과 심미성을 내포하고 있는가?

9. 솔루션 에러 확인과 복구 체계 서비스: 솔루션 사용시 발생할 수 있는 에러를 감지하고 이를 개선할 수 있는 복구 체계 서비스를 지니고 있는가?

10. 도움말 가이드 제공: 솔루션 사용을 위한 실사용 고객 눈높이의 도움말 가이드를 제공하고 있는가?

*본 프레임워크 실습 목적: 사용자 경험을 중점으로 한 사용성 고도화는 고객의 솔루션 인게이지먼트를 높이는 근원이 된다. 이를 위해 본 프레임워크가 제시하는 각 항목을 솔루션 개발 현황에 맞추어 작성하여 고객 중심의 솔루션 사용성을 높이는 기준을 마련할 수 있다.

Q. 시스템 상태 가시성: 솔루션 사용 고객이 제안된 시스템 구조 안에서 일어나는 현상을 쉽게 파악하고 피드백이 제공될 수 있는가?

아이디어	
적용방안	

Q. 시스템과 실존 세계의 일치성: 솔루션 사용 고객의 언어와 현실적 맥락이 적용되어 이들에게 친숙한 환경을 제공하고 있는가?

아이디어	
적용방안	

Q. 사용자 통제력과 자율성: 솔루션 사용 중 고객이 오류를 경험하는 상황에서 쉽게 취소할 수 있으며 재실행을 할 수 있는가?

아이디어	
적용방안	

Q. 일관된 표준성: 솔루션 시스템 안에 사용되는 용어와 구동 방식이 일관되며 고객이 이해할 수 있는 표준을 갖추고 있는가?

아이디어	
적용방안	

Q. 에러 방지: 솔루션 사용 중 고객이 오류를 발견할 수 있는 요인은 없는가?

아이디어	
적용방안	

Q. 고객 기억보다는 직관적 인식 제공: 솔루션 이용 중 고객의 기억을 통해 사용성을 강화하는 것이 아닌 직관적 화면을 통해 인식 가능한가?

아이디어	
적용방안	

Q. 유연한 사용성과 효율: 솔루션 사용 고객의 사용 이해도의 편차와 무관하게 효율적 사용을 위한 기능을 제공하고 있는가?

아이디어	
적용방안	

Q. 미니멀리즘과 심미성: 솔루션에 간결한 디자인과 심미성을 내포하고 있는가?

아이디어	
적용방안	

Q. 솔루션 에러 확인과 복구 체계 서비스: 솔루션 사용시 발생 할 수 있는 에러를 감지하고 이를 개선할 수 있는 복구 체계 서비스를 지니고 있는가?

아이디어	
적용방안	

Q. 도움말 가이드 제공: 솔루션 사용을 위한 실사용 고객 눈높이의 도움말 가이드를 제공하고 있는가?

아이디어	
적용방안	

솔루션 사용성 휴리스틱 10을 작성하는 주요한 이유는 창업 팀이 MVP를 고도화하는 과정에서 가설 검증을 마치고 고객 니즈가 있다 판단해도 고객이 친숙하게 지속해서 해당 솔루션을 쓰기 위한 디테일은 바로 사용자 경험을 기반한 고객 경험 바탕이 원칙이기 때문이다. 그러므로 반드시 해당 방법을 실습하길 권한다.

해당 방법론을 적용하여 작성할 때 유용하게 활용할 수 있는 방법을 소개하겠다. 창업 초기기업은 팀 빌딩 과정에서 CS(고객 서비스)를 담당하는 인력을 갖추기 어렵다. 물론 비즈니스 특성에 따라 이러한 팀원을 초반에 구성하는 예외적 상황도 있을 수 있으나 CS 담당자가 부재한 경우가 많으므로 솔루션 사용성 휴리스틱 10을 작성하며 고객이 솔루션을 사용하며 자주 질문할 수 있는 지점을 기반해서 FAQ(Frequently Asked Questions)로 작성할 수 있다.

FAQ가 중요한 이유는 서비스 제공 리소스가 부족한 스타트업에서 고객 서비스 대응이 어렵고 이를 FAQ를 통해 간소화함으로써 고객의 불편을 해소하며 솔루션 사용성을 높이는 바람직한 방법이기 때문이다. 이처럼 고객 사용 경험에 대한 고도화는 솔루션을 고객이 지속해서 이용하는 데 쾌적한 경험을 제공한다. 더 나아가 창업 팀은 고객 사용성을 근거하여 고객 친화적이고 표준화할 수 있는 검증의 인증 절차에 대한 인사이트를 얻을 수 있다. 국가산하기관부터 다양한 협회 및 국제 인증까지 다양한 인증기관이 존재한다. 하지만 이러한 인증획득이 100% 고객 친화적이며 사용성이 우수하다고 보증해 주지 않는다.

인증획득은 최소한의 고객 신뢰를 쌓기 위한 지점이지 이것이 고객 경험의 우수성을 답해 주지 않는다는 의미다. 그러므로 솔루션 디자인 과정 안에서 우리는 고객 경험 즉 사용성을 높이기 위한 대안을 지속해서 고민하고 이를 점검하기 위해 솔루션 사용성 휴리스틱 10을 실습하며 그 과정에서 놓쳤던 의미 발견의 기회가 되기를 고대한다. 또한 솔루션 디자인이 고객 사용 관점을 반영하여 진행이 매끄럽다면 특허출원을 위한 변리사 컨택을 함께 진행하되 창업 기업을 위한 특허출원과 등록에 대한 다양한 프로그램이 존재함으로 이를 우선 확인하여 함께 진행함으로써 비용에 대한 부담을 줄이길 바란다.

콜드콜과 도어투도어

MVP가 완료된 뒤 고객에게 전달하는 과정 중 흔한 오류는 어떤 부분일까? 바로 그것은 다수가 마케팅을 통해 고객에게 쉽게 전달 가능하다는 믿음이다.

하지만 초기 창업가들과 마케팅을 논의하면 보편적이며 선형적인 그 누구나 쉽게 접근하는 방안을 제시한다. 또한 마케팅에 대한 개념을 홍보와 차이를 두지 못하고 그 개념과 전략에 모호하게 접근하는 경우도 다반사다. 이러한 전략과 방법이 고객에게 MVP를 효과적으로 설명하고 전달할 수 있을까? 이러한 이유로 마케팅과 홍보를 논하기 전 더욱 필요한 것은 바로 영업 파워다.

본 저서에 마케팅 챕터를 다루지 않는 이유는 마케팅은 끊임없는 고객 가치 제안의 연장선상이지만, 이를 풀어 가는 방법과 방식은 해당 아이템과 현시점의 사회적 분위기와 맥락이 일맥상통하는 방안이 효과적이므로 최신 동향과 사회적 방안을 고려하여 문헌을 참고하고 케이스 스터디를 충분히 익힌 뒤 전략을 구사하는 것이 적합하다고 판단했기 때문이다.

가령 온라인 마케팅을 예로 들어 보자. 생성형 인공지능 등장 전까지는 인터넷 환경 안에서 검색 노출이 최적화될 수 있는 검색엔진 최적화인 SEO(Search Engine Optimization)가 핵심 요인이었으나 지금은 어떠한가? 포털을 통해 정보를 검색하던 것을 넘어 유튜브와 인스타그램 등 SNS와 기타 채널을 통해 지식 정보를 검색하는 확장과 함께 생성형 AI로 클릭 없이 바로 질문과 답을 도출하여 얻어 내는 검색 환경으로 점차 생태가 변화되고 있다.

이처럼 인공지능 검색 엔진 최적화를 나타내는 GEO(Generative Engine Optimization)의 부각은 온라인과 마케팅 영역의 새로운 도전과 함께 지금보다 더욱 빠른 속도로 마케팅 전략이 변화할 수 있다는 것을 예고한다. 그러므로 저자는 마케팅과 홍보는 동향이 가장 빠른 최신 비즈니스 저널과 케이스 스터디를 확인할 수 있는 최신 기업 마케팅 뉴스를 검색하여 학습하는 것이 효과적이라 판단한다.

그러나 이번 챕터에서 영업 파워를 강조하는 이유는 앞서 언급한 초기 창업가들이 마케팅과 홍보를 진지하게 고민하며 전략을 수립하고 실천을 준비하고 있으나 면대면으로 다가서는 차가운 콜을 의미하는 콜드콜(Cold Call)과 개척 영업의 꽃인 직접 방문 영업을 의미하는 도어투도어(Door-to-door)는 고려하지 않기 때문이다.

콜드콜과 도어투도어가 중요한 이유는 온라인과 오프라인을 넘나드는 다양한 마케팅과 홍보 방안이 세워져도 MVP를 사용할 수 있는 고객과 고객사를 설득하고 나아가는 콜드콜과 도어투도어가 영업 파워의 기초가 되기 때문이다. 결국 기업의 기초체력을 가늠하는 경우 저자는 영업 파워가 어떠한가를 살펴보는데 창업가의 세대가 어릴수록 영업 파워에 대한 부담과 공포가 존재하는 것을 마주한다.

영업에 대한 기질을 타고난 창업가도 존재하나 다수는 매우 어렵고 힘든 일임은 분명 하다. 그러나 독자에게 묻고 싶다. 군인은 처음부터 군인인가? 또는 군인은 만들어지는가? 그렇다. 군인은 바로 만들어진다. 무엇으로 만들어지는가? 바로 그 답은 명료하다. '훈련'이다.

선형적인 마케팅과 홍보로 MVP가 고객에게 명확하게 도달되기는 어렵다. 이러한 이유로 지금부터 콜드콜과 도어투도어를 강화할 수 있는 훈련 방법을 살펴보도록 하자.

콜드콜은 전화 또는 메일 등 다양한 방법으로 시도할 수 있다. 물론 이는 아주 고전적인 방법으로 과연 효과가 있는가를 의심하는 것은 당연하다. 하지만 콜드콜은 잠재적인 고객에게 첫 이미지를 만들어 가는 시작을 의미하며 이를 통해 대면 미팅을 성사시키는 강력한 요인이 되고 있다. 하지만 시도하지 않는 이유는 무엇일까? 바로 스팸 전화로 인한 불신과 비대면 소통의 강화로 인해 콜드콜이 더는 효력이 없다고 판단하기 때문이다. 하지만 기억하라. 다수의 보험 영업을 포함한 개척 영업의 기초 단계는 콜드콜로 시작되고 현재도 그 효과는 강력하다.

콜드콜을 효과적으로 하기 위해서는 스크립트 작성이 우선이다. 스크립트 작성 방법은 다음과 같다.

1. 솔루션 소개를 위한 도입
2. 고객 니즈 유도 질문

3. 효과적 솔루션 예고

4. 콜 투 액션

5. 미팅 일정 제안

복사기를 세계적으로 보급하여 성공한 제록스(Xerography) 복사기를 예로 들어 다음과 같은 콜드콜 스크립트 실습 예시를 살펴보고자 한다.

[솔루션 소개를 위한 도입]: "안녕하세요, 저는 Xerox의 00입니다. 잠깐 통화 괜찮으실까요? 업무 중 자주 사용하시는 복사기나 문서 처리 방식에 대해 간단히 여쭤보려고 합니다"

[고객 니즈 유도 질문]: "혹시 지금 사무실에서 복사나 출력 때문에 대기 시간이 자주 발생하나요?" "복사 관련 비용이 매달 얼마나 나가는지 따로 분석해 보신 적 있으신가요?"

[효과적 솔루션 예고]: "저희는 이런 상황을 자동화하거나 비용을 절감할 수 있도록, 사무기기 운영 프로세스를 진단해 드리고 있습니다."

[콜 투 액션 / 미팅 일정 제안]: "무료 진단과 제안 미팅은 20분이면 끝나고, 비용은 전혀 없습니다. 간단한 방문 일정 잡아드려도 괜찮을까-요?"

[콜드콜 스크립트 프레임워크 예시]

예시를 살펴보면서 창업 팀이 직접 제안할 수 있는 콜드콜 리스트를 작성해 보길 바란다. 그리고 함께 논의하여 다음 '창업 툴킷 15. 콜드콜 스크립트 프레임워크'를 실습하길 바란다. 물론 작성만이 실습의 끝은 아니다. 작성 이후 팀원끼리 교대로 자사와 고객사의 역할을 나누어 롤플레잉을 통해 스크립트 작성에서 멈추는 것이 아닌 실전에 가까운 훈련이 되길 바란다.

창업 툴킷 15. 콜드콜 스크립트 프레임워크

*본 프레임워크 실습 목적: 콜드콜 스크립트 작성은 창업 팀의 기초체력이라 할 수 있는 영업 파워를 증진하기 위해 실습을 권장한다. 작성 방법은 솔루션 소개를 위한 도입부터 고객 니즈 유도 질문, 효과적 솔루션 예고, 콜 투 액션과 미팅 제안까지 순차적으로 작성하여 창업 팀이 함께 자사와 고객사 역할을 번갈아 가며 롤플레잉을 통해 실전 연습 진행하고 이를 콜드콜로 두려움 없이 진행하는 것을 목표한다.

[솔루션 소개를 위한 도입]:

[고객 니즈 유도 질문]:

[효과적 솔루션 예고]:

[콜 투 액션 / 미팅 일정 제안]:

콜드콜 훈련이 완료되었다면 다음 단계는 바로 도어투도어다. 고객사를 만나기 위해 관계자가 아닌 출입 제한 공간 환경에서 담당자와 만남이 이루어지기는 어렵다. 하지만 정말 간절하다면 점심시간 무렵 몇 번이고 방문하여 고객사의 사원증을 매고 있는 인근 식당을 이용하는 해당 기업의 다른 팀원을 통해서도 제안서와 명함은 전달할 수 있다. 이처럼 불가능이 아닌 창업 팀의 간절함과 당당한 노력이 함께 반영되어야 하는 것은 아닐지 함께 고민하고 싶다.

그렇다면 효과적인 도어투도어 계획을 위해 사용될 수 있는 방법은 무엇이 있을까? 바로 철저하게 준비하되 다음과 같은 방법을 통해 준비하는 것을 권한다. 해당 실습 전 앞서 실습한 콜드콜 스크립트를 도어투도어와 연계하는 방식도 효과적이다.

도어투도어 역량 강화를 위한 R-PAD 방법은 창업 팀이 함께 훈련하기 적합한 방식으로 다음과 같은 요인으로 구성되어 있다.

1. Research(도어투도어를 시작하기 위한 고객사 리서치 및 핵심 니즈 분석)
2. Pitch Design(방문 시 제안하게 될 마중물 역할의 첫 멘트)
3. Action Roleplay(도어투도어 상황 맞춤 역할극)
4. Deep review(역할극에 대한 깊이 있는 상호 리뷰)

다음과 같은 네 가지 요인을 기억하고 실습을 진행해 보도록 하자.

첫째, 도어투도어 가능 고객사 방문 리스트와 그들의 핵심 니즈를 분석한다. 둘째, 도어투도어 상황을 가정한다. 셋째, 이러한 과정이 완료되면 콜드콜 스크립트를 기반해서 대면 시 첫

대화의 마중물이 될 수 있는 핵심적 멘트를 구성한다. 넷째, 가정된 상황에 맞게 창업 팀 구성원이 서로 역할을 바꾸어 자신의 영업 파워를 검증하는 실습을 진행한다.

이때 중요한 것은 깊이 있는 리뷰가 가능하도록 최대한 짧은 시간이지만 압축적으로 3분 내외로 가정된 상황에 당황하지 않고 당당하게 제안할 수 있는 실전과도 같은 훈련을 진행하는 것이다. 이러한 실습이 효과적으로 이루어지기 위해서는 첫 멘트 이후 고객을 설득할 수 있는 콜드콜 스크립트가 짜임새 있게 논리적으로 잘 구성되어야 한다. 다섯째, 역할극 이후 깊이 있는 상호 리뷰를 통해 보완점과 적용 장점을 교류하여 창업 팀 구성원의 영업 파워를 강화하는 것이다.

창업 팀이 해당 방법을 가지고 많은 논의를 하기보다 창업 팀의 컨디션에 맞추어 역할극을 중심으로 진행하는 것을 권한다. 기술 기반의 창업 팀도 영업 파워가 절실히 필요하기 때문이다. 초기 MVP를 선보이고 이를 수용하고 확장할 수 있는 채널과 관계자들에게 절대적으로 노출과 협업 그리고 더 나아가 PoC 제안 등 기업 생존을 위한 몸부림이 영업으로부터 시작되기 때문이다. 그러므로 마케팅과 홍브에 목숨을 거는 것 이상

으로 영업에 대한 고민이 함께 이루어지고 고요한 사무실이 아
닌 영업 파워가 살아 있는 팀 문화가 이루어지길 응원한다.

대학생을 위한
스타트업 캡스톤 디자인

자금조달과 피치덱

초기창업 기업의 성장을 위한 기본 전제는 바로 자금조달이다. 과거 창업 모델은 자기자본을 투입하여 성장 동력이 될 수 있는 방향으로 나아갔으나 스타트업의 성장 방식은 자기자본으로 죽음의 계곡을 넘기 힘든 것이 정설이다. 물론 창업 초기부터 놀라운 매출 발생이 이루어지고 자금 순환이 원활한 예외적 경우도 존재한다. 하지만 다수는 이러한 예외적 사례가 되기 어렵다. 그 이유는 무엇일까? 바로 세상에 없던 새로운 문제 해결 솔루션을 고객에게 설득하는 시간이 필요하기 때문이다. 스타트업이 생존하기 위해서는 허리띠를 바짝 졸라매듯 매월 지출될 수 있는 고정비를 줄이고 빠르게 매출을 발생시키는 것이 효과적이다. 그러나 이번 챕터를 통해 함께 논의하고 고민할 지점은 바로 자금조달이다.

창업의 4가지 차원을 기억하는가? 바로 사람-혁신-비즈니스 모델-자금조달이다. 사람은 창업가의 강점과 약점 그리고 소구하고자 하는 마켓에 대한 이해와 적합도를 통한 팀 빌딩을 기초하고 있으며 혁신은 기존의 상태보다 바람직한 상태로 나아가는 점진적 또는 급진적이며 파괴적인 현상이라고 설명할 수 있다. 그리고 이러한 혁신적 아이디어를 다양한 가치 창출을 일으키는 부분 중 수익을 창출하는 명료한 설명이 바로 비즈니스 모델 즉 돈을 버는 청사진이다. 마지막으로 이 모든 세 지점을 빠른 부스터 역할을 하는 것이 바로 자금조달이다.

자금조달은 투자도 있으나 대출도 포함될 수 있다. 대출이 꼭 나쁜 것일까? 관점의 차이지만 지분을 방어하며 비즈니스에 대한 책임 의식을 강화할 수 있는 때에 따라 유용한 방법이 될 수 있다. 다만 기술보증기금과 같은 스타트업을 위한 기술 창업자들을 대상으로 하는 저금리의 대출 프로그램을 지향하길 바란다. 효과적인 자금조달을 위해 창업 팀이 준비해야 할 기본적 사안은 바로 기업의 현황과 가치 및 비전을 내포하고 있는 IR덱을 준비하는 것이다. 물론 이것을 투자 유치를 위한 IR덱 또는 피치덱 등 다양한 용어로 부르고 있으나 저자는 이를 피치덱으로 설명하도록 하겠다.

피치덱을 작성하기 위해서는 기본 사업계획서 틀이 필요하다. 사업계획서는 모든 비즈니스 청사진을 구체적이고 세세하게 설명한다면 피치덱은 이를 농축하여 압축적으로 보여 줄 수 있는 형식을 담고 있다. 이를 위해 피치덱의 흐름을 논리적으로 보여 줄 수 있는 목차가 중요하다.

정부지원금을 목표로 한다면 PSST 구조인 P(문제)-S(해결방안)-S(성장전략)-T(구성원)로 작성할 수 있다. 하지만 조금 더 범용화되고 다양한 현장에서 사용할 수 있는 기본 목차를 저자는 세콰이어 캐피탈의 피치덱 구조를 차용 한 목차를 제안하고자 한다.

만일 사업계획서가 아직 준비되지 못했다면 피치덱을 작성하며 역으로 피치덱을 확장하여 세서한 사업계획서를 작성할 수 있다. 만일 이 부분도 부담이 된다면 앞서 학습한 린 캔버스 작성을 통해 비즈니스 진행 시 필요한 부분과 논리적 흐름을 검토하고 이를 기초하여 피치덱을 작성할 수 있도록 준비하는 것을 권한다.

창업 툴킷 16. 효과적 피치덱 작성을 위한 피치덱 기본 구조

*본 프레임워크 실습 목적: 자금조달을 위한 기본 피치덱 구조를 이해하고 실습할 수 있다. 해당 목차를 통해 창업 아이디어와 성장전략 및 실행 방안에 대한 논리를 구체화하고 이를 피칭으로 연결할 수 있도록 목차와 관점을 이해하고 작성한다.

효과적 피치덱 작성을 위한 피치덱 기본 구조	
목 차	**관 점**
1. 기업 비전과 미션	창업가와 창업 팀의 비전(근원적 목적)과 해당 비전을 이루기 위한 미션(비즈니스의 큰 방향)
2. 기회 발견(문제)	창업가와 창업 팀이 발견한 문제
3. 해결 방안(솔루션)	해당 문제를 해결하는 방법과 산출물
4. 왜 지금인가?(타이밍)	해당 솔루션이 지금 필요한 이유
5. 시장 규모(마켓 사이즈)	해당 문제를 지닌 고객 집단과 인접 시장을 고려한 TAM-SAM-SOM(전체시장, 유효시장, 수익시장)
6. 제품·서비스(MVP)	솔루션에 대한 구체적인 설명(사용성 및 구체적 이미지)
7. 비즈니스 모델	수익 실현의 구체적인 방안
8. 마케팅 영업 전략	수익을 실현하는 마케팅과 영업 방법

 대학생을 위한
스타트업 캡스톤 디자인

9. 경쟁사 비교 우위	경쟁사 분석과 자사 비교 우위(사실적이고 구체적 사안)
10. 팀 소개	창업 팀 역할 및 담당
11. 재무 추정	5개년 기준 재무 추정
12. 투자금 활용 계획	희망 투자 금액 및 사용 목적과 방안
13. 메시지	설득의 마지막 메시지
14. 별첨 자료	추가 별첨 자료(특허, 기술 도면 등)

피치덱 작성 시 유의할 사안을 기억하고 작성하길 바란다.

첫째, 많은 정보와 글을 담지 않고 키워드 및 간략한 이미지 사용

둘째, 인용한 데이터의 출처를 표기하고 반드시 신뢰할 만한 기관의 최신 자료를 인용할 것

셋째, 색상은 3가지 이상을 넘지 않으며 범용화될 수 있는 파일의 형태(PDF 등)로 준비할 것

피치덱 목차를 구체적으로 살펴보자.

"1. 기업 비전과 미션"은 창업자가 왜 이 비즈니스를 시작하게 된 내적 동기를 가장 명확하게 설명할 수 있다. 또한 고객이 원하는 방향으로 비즈니스 방향이 바뀌어도 지속할 목적과 이

유를 내포하길 바란다. 그 이유는 지속해서 목적을 가지고 임하는 창업가의 태도를 가장 명료하게 설명할 수 있는 부분이기 때문이다.

피치덱 앞단의 단 3~5초 사이 상대방을 집중시키지 못하면 눈과 귀가 해당 내용에 몰입하기 어렵고 이는 듣는 이의 마음을 사로잡기가 확률적으로 어렵다. 그러므로 기업 비전과 미션 단계 파트부터 눈과 귀가 이끌리는 매력적인 끌림의 마법이 필요하다.

"2. 기회 발견(문제)" 파트는 어떤 이유로 해당 문제를 발견하게 되었는지 또는 사회적 이슈인지 개인적 동기인지 내적, 외적 입장을 교차하여 서술할 수 있다. 문제의 이슈가 듣는 청중에 따라 개인 가치관으로 인해 관심도와 중요도는 차이가 있을 수 있으니 이를 너무 의식하거나 고려하지 않아도 된다. 분명한 건 창업가와 해당 팀이 발견한 문제가 사실적 근거(데이터) 기반해서 무엇인지 설명할 수 있어야 한다.

"3. 해결 방안의 솔루션"은 구체적이되 MVP에 대한 소개를 6번째 목차에서 진행함으로 간략하게 어떤 방법으로 해결하고자 하는지 기술의 근간 및 사용자 입장에 입각한 니즈에 부합한 당위성을 위주로 설명하면 좋다. 다만 솔루션 소개가 너무 길어지지 않을 만큼의 분량을 유지하길 바란다.

"4. 비즈니스 타이밍"은 매우 중요하다. 왜 지금 본 제품 서비스를 선보여야 하는지 설득할 수 있는 이유가 분명해야 한다. 개인적 목적 외에도 시대의 니즈와 고객의 요구가 있는지를 객관화할 수 있는 지표인 근거 자료를 제시하되 만일 해당 데이터를 찾기 어렵다면 최신 뉴스 중 통계 자료를 가공하여 인포그래픽으로 소개하는 뉴스의 이미지를 캡쳐하고 출처를 표기하여 사용하면 손쉽게 해당 페이지를 작성할 수 있다.

"5. 시장 규모"는 [챕터 3]을 통해 TAM-SAM-SOM을 실습해보았을 것이다. 이를 구체화한 자료를 제시하고 각 시장 규모에 대한 잠재적 성장률을 함께 제시하는 것을 잊지 말자.

"6. 제품 서비스의 MVP"를 구체화하여 소개하는 단계에서는 핵심적인 유저 사용 기능과 기존 제품 서비스와의 분명한 차별점을 소개해야 한다. 이때 중요한 것은 시각화할 수 있는 자료를 근거해서 설명하고 청중이 모든 도메인의 전문가가 아니므로 가장 기초적이며 손쉽게 이해할 수 있는 수준으로 페이지를 작성해야 한다.

"7. 비즈니스 모델"은 돈을 버는 청사진으로 설명했다. 이를 어떤 모델인지 가장 손쉽게는 비즈니스 모델의 유형(B2C, B2B, B2G 등)부터 유저 사용 요금 및 기간에 대한 구체적 사안까지 포함하여 제시할 수 있어야 한다.

"8. 마케팅 영업 전략"은 창업 팀이 감당할 수 있는 현재 수준에서 투자금이 들어온 관점까지 폭넓게 대조하여 어필하는 것이 좋다. 그 이유는 앞서 비즈니스 모델에 대한 방향이 제시될 때 이를 증폭할 수 있는 준비 사안이 바로 마케팅 영업 전략이며 현재 진행되는 수준과 투자금 이후의 비교를 KPI(핵심성과지표)를 중심으로 서술하면 논리가 강화될 수 있다.

"9. 경쟁사 비교 우위"는 각 경쟁사와 다른 서비스 포인트를 구체적으로 표 또는 포지셔닝 맵과 같은 방법으로 직관적인 비교를 제시하는 것이 좋다. 다만 사실적이고 구체적인 비교 우위를 통해 어떤 부분이 차별점인지 명료하게 설명할 수 있으면 그것으로 충분하다.

"10. 팀 소개"는 모든 비즈니스의 실행과 유지를 충분히 할 수 있는 팀에 대한 소개이다. 이를 위해 각 팀원의 구체적인 포지션과 역할을 소개하고 간략한 주요 이력을 함께 반영하는 것이 좋다. 다만 해당 페이지에 많은 힘을 주거나 과하게 커리어를 늘려서 채울 필요는 없다.

"11. 재무 추정"은 말 그대로 추정이다. 다만 기간을 어떻게 설정하는가의 이슈는 존재한다. 최대 5년 또는 3년 이내로 창업 팀의 재무를 추정할 수 있는 시트를 작성하면 된다. 이때 중요한 것은 최초 창업 시점의 1~2년 사이는 분기별(Q1, Q2, Q3, Q4)로 세부 항목을 포함하여 제시하면 효과적이다.

"12. 투자금 활용 계획"은 희망 투자 금액과 이를 구체적으로 어떻게 집행할 것인지 보여 주는 것이다. 재무 추정을 통해 이를 미리 반영할 수도 있고 또는 반영하지 않아도 큰 무리는 없다. 다만 피치덱에 무리한 투자 금액 설정보다는 합리적인 수

준에서 제시하되 피칭 이후 투자금에 대한 구체적인 사안을 조율하는 것을 권한다.

"13. 메시지"는 바로 설득의 마지막 기술이다. 수사학 관점으로 보면 논리, 신뢰, 감정 등을 고려하여 피칭하는 것을 권하고 있다. 이때 희망 투자 금액까지 제시하고 나서 투자자의 마음을 찌를 수 있는 단 한방이 필요하다. 바로 그것이 설득의 마지막 메시지라고 표현하고 싶다. 이를 위해 어떤 부분으로 상대방의 마음을 찌를 것인가?

"14. 별첨 자료"는 옵션이 아닌 필수이다. 피치덱이 무겁게 많은 장표로 꾸며질 필요는 없다. 하지만 질의응답을 잘하기 위해서는 기존 비즈니스 현황과 관련된 지표의 자료와 특허 및 기술적 도면 등 구체적인 자료를 각 영역별로 첨부하여 준비하는 것이 좋다. 또한 초기창업 기업의 경우 고객 인터뷰 모습과 내용을 정리하여 질의응답 시 고객의 니즈 파악과 초기 실증에 대한 접근을 보여 주는 것은 투자자 관점에서 긍정적인 인상을 줄 수 있다는 것을 기억하자.

다수의 초기창업 기업은 피치덱을 손보고 수정하며 만드는 일이 일상이다. 특히 대표들은 자금조달을 위해 피드백 이후 다양한 의견을 반영하여 수정 보완해서 나아가고 있다. 하지만 기억할 사실은 보는 이의 관점에 따라 다를 수 있으며 그것이 분명한 정답이라고 확신하지 않길 바란다. 그렇다면 우리의 답은 어디에 존재하는가? 답은 딱 하나다. 바로 고객이다. 고객 관점에서 그들의 삶을 유용하게 할 수 있는 창업 팀의 아이디어가 문제 해결과 더 나아가 사회를 바꿀 수 있다는 청사진을 분명하게 창업가의 비전을 통해 피치덱이 수정 보완 되길 바란다.

본 챕터를 통해 피치덱 작성을 살펴보았다. 또한 피치덱 작성의 근원적 목적은 자금조달을 위함을 명시했다. 피치덱이 준비가 완료되었다면 다음 단계는 무엇일까? 그렇다. 바로 본격적인 피칭이다. 다음 챕터에서는 효과적인 피칭을 준비할 수 있는 훈련 방법을 살펴보도록 하자.

효과적 피칭

피치덱이 준비되었다면 피칭 연습은 반드시 거쳐야 하는 관문이다. 연습과 훈련 없는 피칭은 성공적이기 힘들다. 무대 위에서 전혀 공포나 떨림을 느끼지 않고 긴장하지 않는 이들은 극히 드물다. 간혹 무대 체질이라 자부하며 많은 연습과 훈련 없이도 곧 잘 해내는 타입도 있지만 다수의 경우 반복적인 훈련이 반드시 요구된다. 그렇다면 효과적인 피칭을 위한 방법은 무엇일까?

효과적 피칭을 스피치로 오해하는 경우가 있다. 하지만 스피치와 피칭은 다르다. 스피치는 대중을 대상으로 명확하고 논리적인 메시지 전달을 요구한다. 하지만 피칭은 목적 자체가 투자와 비즈니스를 위한 메시지 전달과 질의응답을 통해 투자자 및 이해관계자와의 쌍방향 소통 구조를 지니고 있다. 스피치와 피칭을 혼돈한 창업자들은 단순히 말과 발표를 잘하는 훈련을 진행하고 있다. 피칭은 발표를 잘하기 위함이 아닌 이해관계자를 충분히 설득할 수 있는 비즈니스 스킬로 규정해야 한다. 그렇다면 효과적인 피칭을 위해 어떻게 준비해야 할까?

필자는 세 가지를 중요하게 생각한다.

첫째, 태도(Attitude)이다. 피칭하기 위해 무대에 올라서는 것은 창업가를 향한 모든 조명과 시선이 집중되는 연주 무대와도 같다. 이는 마치 성악가가 독창회를 하기 위해 무대에 오르는 것과 같은 형태로 간주할 수 있으며 이는 발표 자료가 청중을 향한 순간과 발표자가 무대에 올라서는 걸음걸이의 시작점부터가 발표 시작이라고 생각하면 좋을 것 같다. 특히 태도를 중요하게 생각하는 부분은 피칭 도중 일부 창업가들은 말의 어미에 아… 어… 그리고… 그런데… 등등 매끄럽지 않은 부분이 나타나는 경우도 있으며 부자연스러운 시선 처리와 과한 제스처 등이 문제가 될 수 있다.

시선은 전방을 향하되 최대한 일관된 방향을 유지하면서도 자연스럽게 심사위원 또는 다양한 청중과 눈을 마주하는 것이 좋다. 또한 제스처에 있어 강조 지점이 있다면 이를 강조할 수 있는 액션도 좋지만 과한 액션은 피하는 것이 바람직하다. 피칭 도중 머리나 귀, 코 등을 만지는 것은 금물이다. 보통 자신감이 없거나 거짓말을 하는 경우 무의식적으로 나타나는 행동 중 하나로 오해할 수 있다. 제스처는 단순한 행동 요소가 아닌 무의식을 반영한 언어로 인식될 경향이 크기 때문이다.

둘째, 뉘앙스(Nuance)다. 같은 말도 뉘앙스에 따라 다르게 해석될 수 있다. 피칭도 마찬가지다. 같은 내용도 어떤 뉘앙스로 전달하느냐에 따라 임팩트는 다르다. 뉘앙스를 쉽게 이해하기 위해서는 가창한다고 생각해 보자. 같은 노랫말과 선율도 자신이 느끼는 감각을 기반한 가창은 다르게 다가온다. 어떤 가사에서는 매우 과할 수도 또는 매우 빈약할 수도 있으며 같은 가사도 밋밋하거나 강렬할 수 있다.

마치 음악의 크레센도와 디크레센도처럼 단순 강약 조절을 넘어 자신의 논리와 서사를 갖춘 맥락을 어떻게 표현하느냐는 철저히 피칭하는 창업자의 뉘앙스에 청중이 다르게 해석하고 반응할 수 있다는 것을 기억하자.

셋째, 피치(Pitch) 즉 음의 높낮이를 설명하는 음악적 개념의 피치다. 피칭하며 톤이 다운되거나 같은 맥락의 이야기도 뉘앙스와 더불어 피치의 영향을 많이 받게 된다. 같은 톤의 피칭도 피치가 떨어지면 호소력도 약해지고 집중도가 낮아지는 결과를 초래할 수 있다. 그렇다면 피치를 무조건 높게 하는 것이 효과적인가? 기본적으로 피치가 높으면 집중도를 높이는 효과를 주지만 높은 피치를 지속하면 지루함을 유발할 수 있다. 그러므로 전반적인 피칭은 마치 한 노래를 끝까지 완창할 수 있다는 관점으로 보는 것이 좋다. 즉, 같은 곡을 어떻게 해석할 것인가는 누구의 몫인가? 바로 연주자이자 주인공인 무대 위 창업가의 몫이다.

효과적 피칭의 세 요소를 태도, 뉘앙스, 피치로 살펴보았다. 하지만 창업가의 캐릭터마다 각각의 장점이 있고 이를 최대한 발현하여 피칭하는 것이 유리하며 자연스럽다. 하지만 저자가 제시한 세 요소를 기반하여 훈련한다면 효과적인 피칭에 도움이 될 수 있다.

세계적인 전설의 소프라노 마리아 칼라스는 무대에 오르기 전 실제 소리를 내어 연습하기보다 이미지 트레이닝을 통해 수시로 끊임없이 무대 위를 상상하며 곡조 하나하나를 쪼개서 생각했다고 한다. 물론 스크립트와 전달하는 메시지를 완벽하게 소화하고 이를 소리 내어 피칭 연습하는 것도 중요하다. 하지만 반복적으로 훈련하며 놓치지 말아야 할 부분은 부분 부분의 페이지를 기억하고 이미지 트레이닝을 통해 어떻게 효과적으로 주어진 시간 안에 전달할지 반복 훈련하는 것을 잊지 말아야 한다.

이 방안이 효과적인 이유는 보통 피칭은 무한의 시간이 아닌 주어진 시간 안에 피칭을 마치도록 권장한다. 이처럼 이미지 트레이닝을 통해 부분 부분의 페이지를 정리하면 질의응답에 대한 논리를 스스로 객관화하는 점검이 가능하기 때문이다.

만일 중요한 피칭을 앞두고 있다면 어떻게 준비하면 좋을까? 바로 앞서 권한 피칭의 세 가지 요소를 기억하여 소리 내어 거울 앞에서 연습을 권하고 싶다. 특히 전신 거울을 통해 스스로 마주 보고 하는 것이 효과적이며 제스처를 점검하는 것이 좋다.

물론 더욱 좋은 방안은 준비가 어느 정도 이루어지면 창업 팀 내부 안에서 실제 무대 오르는 것부터 피칭과 질의응답의 모든 순서까지 진행하는 것이 좋다. 만일 자신의 과한 제스처나 피칭 중 고치고 싶은 부분을 확인하고 싶다면 피칭 순간을 녹화하여 점검하는 것이 좋다. 또한 자연스러운 자세를 유지하고 교정하고 싶다면 몸을 벽에 바짝 붙여서 아무런 제스처 없이 힘을 빼고 하되 적당한 텐션을 유지하는 것을 주안점으로 삼아야 한다. 긴장을 덜어 내고자 너무 힘을 빼버리면 목소리가 흔들리는 현상이 나타날 수 있다. 피칭 전에는 반드시 가슴 부분의 힘을 빼되 하체와 허리는 적당한 긴장감을 가지고 하는 것이 목소리 톤의 균형을 잡아줄 수 있다.

피칭의 끝은 질의응답이 마무리되는 시점을 의미한다. 예상 질문을 정리하고 이를 매끄럽게 대응할 수 있는 것이 좋다. 다만 날카로운 질문이 들어올 때 명확한 답을 하기 힘들다면 과민하게 반응하거나 둘러대기보다는 주신 의견을 검토하고 시정하겠다고 답변하는 것이 합리적이다. 질의응답은 말 그대로 질의응답이지 격한 토론 배틀 대회가 아니기 때문이다.

본 챕터를 마무리하며 권하고 싶은 사안이 있다. 바로 모의 데모 데이를 비롯한 각종 피칭 현장 참여를 할 수 있다면 신청하여 참여하길 바란다. 그 이유는 가장 좋은 피칭 향상은 무대이기 때문이다. 또한 피칭 현장에서 받게 되는 다양한 피드백은 우리가 미처 몰랐던 우리 제품 서비스와 유사하나 대중에게 선보이기 전 사라진 스타트업의 실수와 실패 사례를 전문위원 등을 통해 접할 수 있는 귀중한 창구가 될 수 있기 때문이다.

처음과 끝은 사람

창업 팀의 시작과 그 여정을 함께해 나가는 구성원은 결국 사람이다. 스타트업은 단순히 창업가를 대변하는 또 다른 분신을 넘어 공적인 새로운 인격체로 성장한다. 그리고 기업의 일관된 태도는 반복적인 경향을 나타내며 한 조직을 설명할 수 있는 문화로 정착되고 이는 곧 조직문화를 형성한다.

하지만 초기창업 기업의 조직문화는 뒤숭숭하며 혼란 속에서 다져 가는 것은 지극히 자연스러운 형태이다. 고객 지향의 비즈니스를 추구하기 위한 실험은 고정되고 안정적인 것이 요구되지 않고 지속된 변화와 변동을 예고한다. 구성원의 역할과 직무도 뒤바꾸거나 가중될 수 있으며 때때로 업무 시간에 대한 강도도 조율하기 어려울 만큼 깊숙한 집중을 요구하기도 한다.

창업의 4차원 중 사람-혁신-비즈니스 모델-자금조달의 개념에서 저자는 이 모든 요소가 중요하나 특히 사람 파트가 중요하다고 보고 있다. 초기 스타트업의 핵심은 제대로 과업을 수행하며 1인이 고성과를 창출하여 시간과 비용을 줄이는 핵심적 역할을 해낼 수 있는 역량이 필요하다.

그렇다면 사람의 차원이 고성과자에 대한 퍼포먼스 증명으로 제한되는가? 그렇지 않다. 역량을 넘어 창업 팀과의 조화를 이루어 조직의 안정감을 함께 만들어 갈 수 있는 부분도 실제 업무 이상만큼이나 중요하다. 일명 콘웨이의 법칙이라 불리는 해당 이론의 요지는 다음과 같다. 하나의 시스템을 구축하고 완성할 수 있는 팀의 커뮤니케이션 방식은 해당 시스템의 구조 또한 이들의 커뮤니케이션 타입과 유사하다는 관점이다.

독자는 이 부분을 동의하는가? 물론 이를 반박하는 여러 이론도 존재하지만 결국 창업 팀의 아이템과 솔루션은 그 모인 이들의 소통과 역량 그리고 더 나아가 그들이 함께 모인 집단 지성의 결과물로 모든 초월적 감각을 집대성한 조직을 대변하는 그 자체다. 그러므로 때때로 어려움을 겪는 순간마다 우리 팀의 소통 방식과 조직문화가 어떠한지를 살펴볼 필요가 있으며 수시로 점검하길 바란다. 이처럼 조직 차원에서도 사람은 중요하고 결국 이것은 조직문화에 제한된 이야기가 아닌 창업 아이템과도 긴밀하게 맞닿아 있다는 사실을 기억하자.

다음은 창업가 개인 차원의 중요성이다. 창업의 시작과 끝은 결국 사람 즉 창업가 스스로의 판단과 선택으로 시작되고 끝이 난다. 창업가의 다양한 내적·외적 동기를 반영한 시작은 창업 여정의 막을 열게 되며 수시로 다가오는 의사결정과 선택은 창업의 결말에 대한 작은 이야기 퍼즐이다. 그러므로 창업은 결국 사람으로 시작되어 사람으로 끝나는 하나의 작은 이야기다.

세상의 모든 이야기가 해피엔딩으로 끝나지는 않는다. 창업도 마찬가지다. 모든 창업이 성공적일 수는 없다. 하지만 우리는 이러한 사실을 충분히 인지하면서도 끊임없이 도전하고 나아간다. 분명한 답은 늘 존재한다. 그것은 바로 고객이며 이들을 향한 창업 팀의 가치제안이다. 그러므로 이 역시 사람으로 시작되고 사람으로 끝난다. 바로 그 사람은 고객이다.

만일 창업의 시작이 개인의 자아실현과 꿈을 향한 열정으로만 출발한다면 조금 더 신중했으면 한다. 반대로 타인에 대한 이해와 고객을 위한 결단으로 시작했다 하더라도 자신의 꿈과 이상이 동반된 지점이 없다면 이 또한 신중하게 창업을 고려하길 바란다. 독자는 발견하였는가? 바로 사람 관점에서도 자신에 대한 충분한 이해와 동의 그리고 더 나아가 고객에 대한 관점과 객관화 모두 자신이 감내하고 용인할 수 있다면 바로 그 때가 주저 없이 창업을 도전할 시점이라는 사실 말이다.

혁신은 미래를 향한 모두의 약속

혁신은 미래를 향한 모두의 약속이다. 기업가정신과 창업 워크숍과 강의를 하면서 느끼는 저자의 심정은 다음과 같다. 누군가 워크숍과 수업을 들으며 자극을 통해 세상의 문제를 해결하는 창업을 결심하고 나아간다면 또는 직장 안에서 자신의 직무에서 조금 더 혁신적인 업무 태도로 변화하여 새로운 제품 서비스가 나타난다면 그 수혜를 누가 누리는가? 바로 우리 자신 스스로와 함께하는 가족, 배우자, 자녀 더 나아가 미래세대로 이어진다. 그러므로 혁신은 미래를 향한 모두의 약속이다.

창업은 단순히 자신의 개인적 부의 가치 창출에서 멈추지 않는다. 특히 기술을 기반하여 폭발적인 성장과 확산을 가능하게 만드는 기술창업인 스타트업은 세상의 문제를 해결하는 해결사이자 변화시키는 선도자이며 사회 변화에 영향력을 미친다.

그러므로 여러분이 꿈꾸는 창업은 단순히 개인 차원에서 머무는 것이 아니다. 바로 창업의 시작부터가 공적인 일의 시작이자 모두를 위한 약속의 순간이 된다. 그러므로 성실과 최선을 전제한다.

작은 스타트업이 과연 세상을 바꿀 수 있을까? 일부 단적인 사례보다는 독자가 공감할 사례를 중심으로 살펴보자. 애플도 차고지에서 작게 시작한 스타트업으로 현재는 빅테크를 선도하는 혁신 아이콘이다. 하지만 이러한 애플도 세상을 바꾸는 다양한 혁신적 제품과 서비스를 선보이는 과정 안에서 작은 스타트업을 인수하는 스몰딜을 통해 자신들의 혁신 동력으로 활용하고 있다.

2021년 애플의 주주총회에서 이들은 과거 약 6년 동안 100개 이상의 기업 인수를 진행했다고 밝혔다. 이는 매월 1개 이상의 스타트업을 인수한 것이나 마찬가지다. 애플만이 이러한 스몰딜에 참여한 것이 아닌 마이크로소프트, 메타 등 글로벌 빅테크 기업도 다양한 스타트업의 혁신성과 기술력을 보고 이들을 인수함으로써 세상을 바꾸는 혁신의 속도를 멈추지 않고 있다.

작은 스타트업도 결국 다양한 모습으로 사회를 변혁시키는 혁신에 동참하고 있는 셈이다. 그것이 직접적이거나 또는 스몰 딜을 통해 간접적인 형태로 나아갈 뿐이다. 그리고 이러한 사례는 우리에게 분명한 기회가 있음을 시사한다. 대학생 시절 스타트업 창업은 미래를 위한 커리어를 견고하게 만들어 갈 수 있고 직무 적합도나 수행에 대한 실제적 경험을 할 수 있다. 더 나아가 스몰딜과 같은 형태의 매각을 통해 부의 창출과 사회 혁신에 일조할 수 있다. 또한 창업 외에도 취업에 대한 기회 증대와 자신감을 넓혀 갈 수 있다.

이제 챕터를 마무리하며 독자에게 묻고 싶다. 독자는 어떤 선택을 할 것인가? 바로 창업을 결심하지 않아도 무방하다. 하지만 대학생 시절 또는 독자가 청년이거나 중년이더라도 기회가 된다면 창업 결심이 선 순간부터 반드시 기억하자. 혁신을 통해 세상을 바꾸어 가는 미래를 향한 약속을 하고 있다는 점을 말이다. 그리고 홀로 고민하고 고군분투하지 말길 바란다. 세상을 함께 바꿔 나갈 소중한 동료를 만들어 가고 이들을 설득할 수 있는 비전을 정형화해서 현실이 될 수 있도록 행동하고 역동적으로 움직이기를 응원한다.

창업의 초기는 매우 고단하고 어려울 것이다. 하지만 어려운 그 순간마다 눈을 지긋하게 감고 혁신을 통해 지금보다 더 나아질 세상을 꿈꿔 보길 바란다. 그리고 이 모든 수혜 대상이 자신을 넘어 우리의 소중한 이들이라는 사실을 기억하자.

반복 훈련을 위한 창업 툴킷

스타트업 캡스톤 디자인 과정을 마무리한 것을 축하한다. 하지만 이것이 끝이 아니다. [챕터 15]는 반복 훈련을 위한 창업 툴킷을 정리한 파트로 스타트업 창업 과정 중 때에 따라 필요한 내용을 반복 학습하고 사용하여 인사이트를 얻길 바란다.

창업 툴킷 1. 이키가이(Ikigai)를 통한 창업 DNA 발견

*본 프레임워크 실습 목적: 창업가는 스스로 강점과 약점, 자신의 세계관을 인지하고 있어야 한다. Founder Market Fit으로 불리는 창업가의 특정 마켓 적합도는 초기 스타트업의 경쟁력이 되며 어려운 창업가의 길에 있어 자신이 왜? 창업을 하고 이 일을 하는가에 대한 비전과 방향을 스스로 점검하며 제시할 수 있기 때문이다.

이키가이(Ikigai)는 일본어 이키(生き: 삶)와 가이(甲斐: 가치,

보람)가 합쳐진 말로 삶을 살아가는 목적과 이유를 나타내는 개념이다. 이키가이가 제시하고 있는 4가지 요인은 다음과 같다.

1. 당신이 좋아하는 일은 무엇인가?
2. 당신이 잘하는 일은 무엇인가?
3. 세상이 필요로 하는 것은 무엇인가?
4. 무엇으로 돈을 벌 수 있는가?

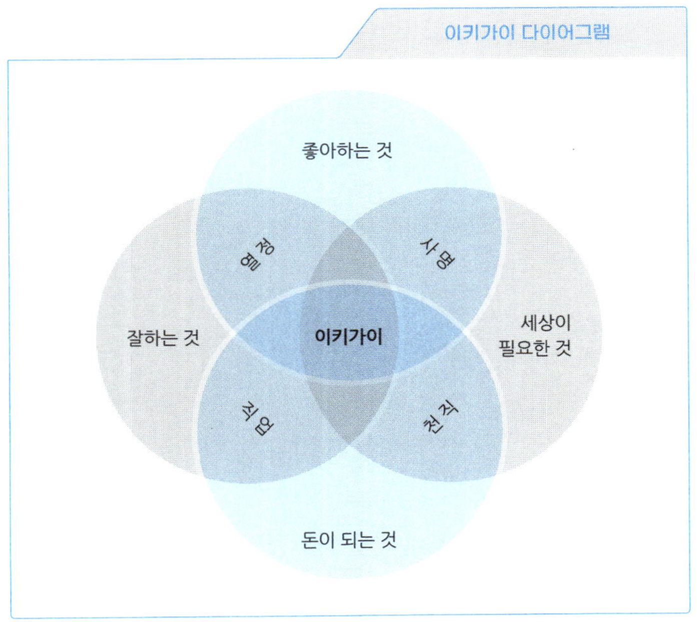
좋아하는 것
열정
사명
잘하는 것
이키가이
세상이
필요한 것
직업
천직
돈이 되는 것

　해당 질문을 통해 다음과 같이 자신의 현황을 살펴볼 수 있다. 잘하는 일과 좋아하는 일의 조화는 열정을 이루고 좋아하는 일과 세상이 필요로 하는 일은 사명이 된다. 잘하는 일과 돈을 받을 수 있는 일은 직업이 되며 세상이 필요로 하며 돈을 받을 수 있는 일은 소명 즉 천직이 된다. 이키가이를 통해 창업가의 세계관과 자신을 새롭게 마주하는 기회가 될 수 있다. 이키가이를 실습해 보도록 하자.

Q1. 당신이 좋아하는 일은 무엇인가?

Q2. 당신이 잘하는 일은 무엇인가?

Q3. 세상이 필요로 하는 것은 무엇인가?

Q4. 무엇으로 돈을 벌 수 있는가?

Q5. 위 질문을 통해 당신의 열정, 사명, 직업, 천직에 대한 느낌을 키워드로 적어 보자.

Q6. 이키가이를 통해 느낀 당신이 해결하고 싶은 문제(과제) 또는 관심사는 무엇인가?

*본 프레임워크 실습 목적: BPR 관점으로 관심 영역 문제의 현재 레벨 (AS-IS)과 바람직한 상태의 이상적 레벨(TO-BE)을 서술함으로써 차이 (GAP)를 발견하고 이를 기회로 인식하여 문제 정의를 도출하기 위함 이다.

작성 방법은 1) 현안에 대한 바람직한 상태의 이상적 레벨(TO-BE)을 작 성하고 관련된 특징을 서술한다. 2) 현안의 현재 레벨(AS-IS)과 특징을 서술한다. 3) 이상적 상태와 현재의 상태를 비교한 GPA(차이)를 정의함 으로써 해당 현안의 문제를 정의한다.

1.TO-BE(이상적인 모습)	특징

3.GAP(문제)

2.AS-IS(현재의 모습)	특징

*본 프레임워크 실습 목적: 도출된 문제(명사)를 동사화하여 구체적인 문제 상황을 가정하고 문제를 겪는 대상을 유추해 볼 수 있다. 이를 통해 문제 접근의 방식을 행동 중심의 구조로 전환하며 최초의 고객모델을 설정하는 단서를 발견할 수 있다.

작성 방법은 1) 도출된 문제를 명사로 단순화하여 기재 2) 해당 명사를 3가지 이상의 동사로 작성 3) 각 동사 상황에 적합한 대상(고객)을 추정하여 작성한다.

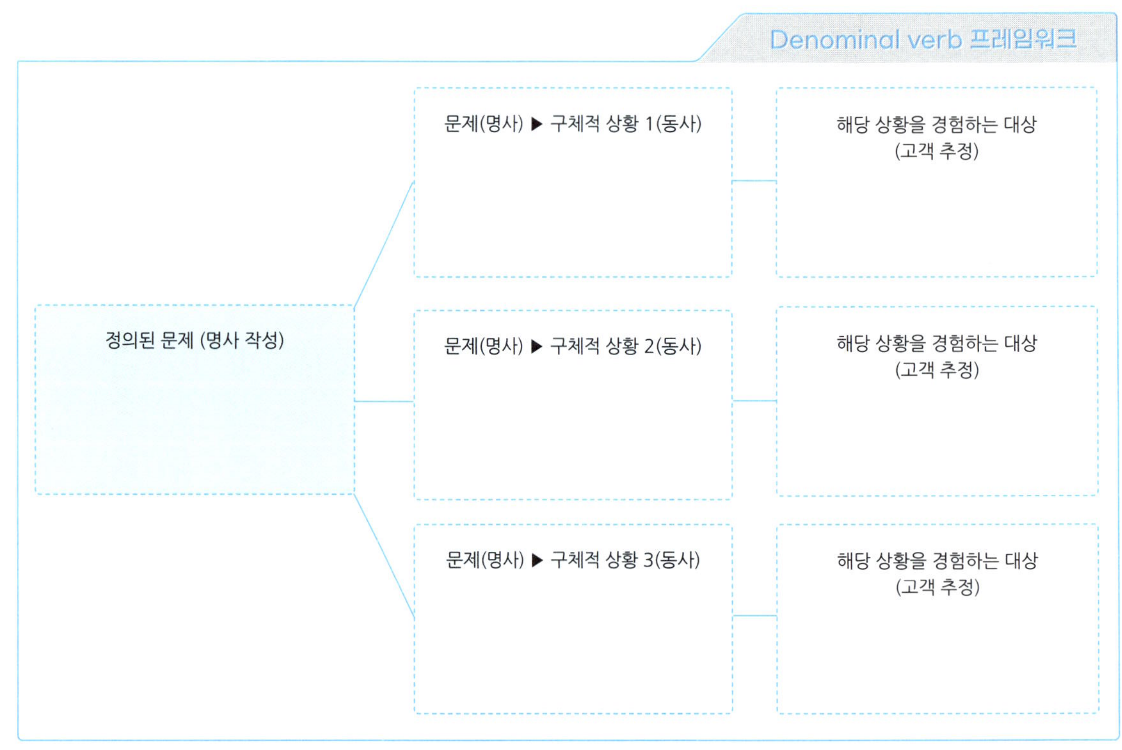

Denominal verb 프레임워크
정의된 문제 (명사 작성)
문제(명사) ▶ 구체적 상황 1(동사)
해당 상황을 경험하는 대상 (고객 추정)
문제(명사) ▶ 구체적 상황 2(동사)
해당 상황을 경험하는 대상 (고객 추정)
문제(명사) ▶ 구체적 상황 3(동사)
해당 상황을 경험하는 대상 (고객 추정)

창업 툴킷 4. PPS(Pain Point Statement)

*본 프레임워크 실습 목적: PPS는 고객이 경험하고 있는 문제를 구체적으로 서술하는 명세서로 해당 문제의 구체적 상황과 고객을 서술함으로써 이를 해결할 수 있는 초기 아이디어와 가설을 수립하기 위함이다.

① **누가** (구체적 고객 서술)

② **특정한 상황에서** (언제 어느 상황인지 서술)

③ **무엇을 할 때** (구체적인 행동을 서술)

④ **불편함이 있어서** (어떤 불편함인지 서술)

⑤ **이러한 감정이 든다.** (고객이 불편함을 통해 느낀 불편함을 서술)

*본 프레임워크 실습 목적: SAP 프레임워크는 페르소나에 대한 결정과 함께 시장 분류를 효과적으로 하기 위한 방법으로 시장의 규모(Size), 고객 도달 경로의 접근성(Access), 페르소나 지불능력(Pay)로 구성되어 페르소나 후보를 대상으로 시장규모, 접근성, 지불능력을 대입하여 점수화하고 세 항목의 점수를 곱하여 총점이 높은 분류 집단을 최종 페르소나로 선정하여 시장 세분화의 의사결정을 내릴 수 있다.

(각 항목 점수는 1~3점이며 합산된 점수를 곱하여 총점이 높은 대상을 최종 페르소나로 권장)

분 류	Size (시장 규모)	Access (접근성)	Pay (지불능력)	총 점 (SxAxP)

*본 프레임워크 실습 목적: TAM-SAM-SOM(시장 규모 추정) 프레임워크는 시장 규모에 대한 논리적 추정을 통해 창업 팀이 발견한 문제와 고객에 대한 접근을 입체적으로 확장하여 CVP(고객가치제안)과 이를 기반으로 한 솔루션 디자인의 최적화를 고민하고 향후 IR 피칭을 통해 원활한 투자 유치를 진행하기 위함이다.

TAM-SAM-SOM(시장규모 추정) 프레임워크

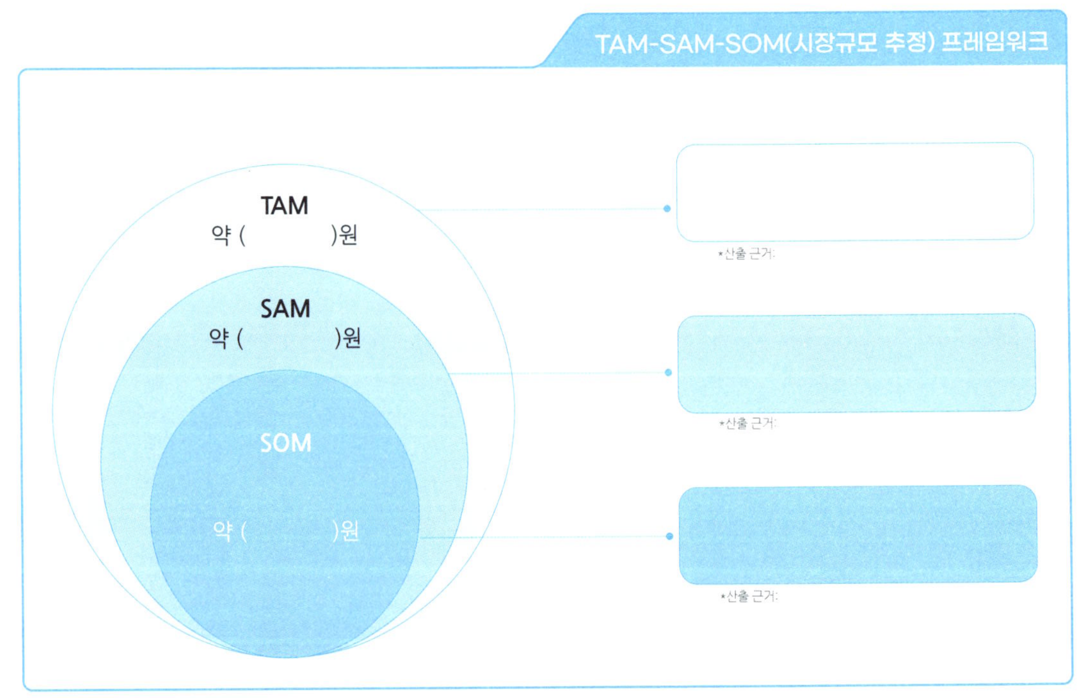

*본 프레임워크 실습 목적: CAVE&JTBD 가설수립 프레임워크는 고객의 상황, 행동, 의견, 감정을 기반하여 문제 정립을 통해 고객이 해결하고자 하는 핵심 과업을 정의하여 핵심 가설을 서술하고 이를 해결할 수 있는 적합도 높은 솔루션에 대한 접근을 모색하여 가설검증을 위한 기초가설 수립을 목표로 한다.

작성 방법은 다음과 같다. 정의된 문제를 구체화하여 고객이 해당 문제를 겪는 상황, 행동, 의견, 감정을 아래의 서술 내용의 형식을 맞추어 서술한다. 이를 통해 고객이 해결해야 할 과업인 JTBD의 가설 3가지를 작성한다. 해당 가설을 해결할 수 있는 아이디어를 3가지 이상 기재하여 이를 검증할 수 있는 정량적, 정성적 계획과 함께 담당자 및 담당 기한을 순차적으로 작성한다.

구 분	요 인	서 술
CAVE 분석	Circumstance (상황)	(해당 문제를 겪는 고객)의 (%)는 (상황)을 경험했을 것이다.
	Action (행동)	이러한 상황을 경험한 (%)의 (해당문제를 겪는 고객)은 (기존 해결 방안)을 통해 문제해결을 시도할 것이다.
	Voice (의견)	(기존 해결 방안)을 통해 문제해결을 시도하였으나 (%)의 (해당 문제를 겪는 고객)은 불만족과 실패가 있었을 것이다.
	Emotion (감정)	(해당 문제를 겪는 고객)의 (%)는 ( )감정을 느끼고 있을 것이다.
JTBD (해결 과업)	가설1	적어도 X%의 Y(고객)는 Z 솔루션을 통해 해당 문제를 해결하고자 한다.
	가설2	적어도 X%의 Y(고객)는 Z 솔루션을 통해 해당 문제를 해결하고자 한다.
	가설3	적어도 X%의 Y(고객)는 Z 솔루션을 통해 해당 문제를 해결하고자 한다.
적합 솔루션	아이디어 1	가설 1의 Z 솔루션을 구체화한 가벼운 아이디어
	아이디어 2	가설 2의 Z 솔루션을 구체화한 가벼운 아이디어
	아이디어 3	가설 3의 Z 솔루션을 구체화한 가벼운 아이디어
검증 계획	정량적 접근	가설 1, 2, 3을 지지할 수 있는 통계 데이터 자료
	정성적 접근	가설 1, 2, 3을 지지할 수 있는 고객 인터뷰
담당·기한	담당자	담당자 이름
	검증 기한	검증 기한 00.00.00부터 00.00.00까지

*본 프레임워크 실습 목적: T-P-M 프레임워크는 솔루션의 기술, 제품 서비스의 형태, 이를 수용할 수 있는 고객과 시장에 대한 아이디어를 펼쳐보고 솔루션을 구체적으로 구상하기 위한 워밍업이다. 작성 방법은 해당 질문을 통해 답을 작성함으로써 솔루션 디자인의 인사이트를 얻길 바란다.

요인	질문	답변
Technology 기술	해당 문제를 해결하기 위한 기술은 무엇인가?	
	자사는 해당 기술을 보유하고 있는가?	
	해당 기술 개발을 위한 방법은 무엇인가?	
Product 제품	고객 문제를 해결하기 위한 제품의 주요 기능과 서비스는 무엇인가?	
	고객이 해당 제품을 사용해야 하는 구체적 이유는 무엇인가?	
	경쟁사와 자사 제품의 차별점은 무엇인가?	
Market 시장	최초 자사의 제품을 사용하는 고객은 누구인가?	
	최초 고객이 우리 제품을 경험하고 지인에게 추천하는 이유는 무엇인가?	
	자사 제품의 시장 점유율을 높이는 아이디어는 무엇인가?	

*본 프레임워크 실습 목적: 경쟁사 특허 리서치는 자사의 솔루션 아이디어와 유사한 기술을 살펴보고 경쟁사가 누구인지 확인하는 목적을 두고 있다. 실습 방법은 키프리스를 통해 솔루션 아이디어 키워드를 입력하여 상세 검색 필터(공개, 등록)를 중심으로 살펴보고 특허 명세서와 특허도면을 살펴본다. 이를 통해 주요 경쟁사 3곳의 특허를 살펴보고 자사 솔루션의 특허출원과 등록을 위한 차별 지점의 아이디어를 가늠할 수 있다.

개발대상 기술(제품/서비스) 관련 지식재산권

구 분	지식재산권명	지식재산권출원인	출원국 / 출원번호
경쟁사 특허			
경쟁사 특허			
경쟁사 특허			

*본 프레임워크 실습 목적 : MVP의 주기능과 전체적인 이미지를 손으로 직접 그려 보고 해당 기술 도식을 함께 스케치함으로써 MVP 개발에 대한 구체적인 솔루션 디자인 안을 도출할 수 있다. 해당 스케치는 제한이 없으며 반복적으로 손으로 그려 보고 이미지를 통해 향후 솔루션 디자인의 방향을 논의 가능하다.

대학생을 위한
스타트업 캡스톤 디자인

*본 프레임워크 실습 목적: 린 캔버스의 실습 목적은 비즈니스 모델의 수익모델과 운영모델의 균형을 살펴볼 수 있는 장점을 지닌다. 이를 통해 창업 초기 활동에 필요한 사안과 의사결정 체계를 신속하게 판단할 수 있는 방법론이다. 이를 확장하면 사업계획서 작성이 가능하며 프로젝트 단위로 반복적으로 사용할 것을 권장한다. 의식의 흐름에 따라 다음과 같이 1~9 순서로 작성할 수 있다.

린 캔버스 (Lean Canvas)

문제 Problem ①
가장 중요한 세 가지 문제점

솔루션 Solution ④
가장 중요한 세 가지 기능

핵심 지표 Key Metrics ⑧
측정해야 하는 핵심 활동

고유의 가치 제안 Unique Value Proposition ③
제품을 구입해야 하는 이유와 다른 제품과의 차이점을 설명하는 알기 쉽고 설득력 있는 단일 메시지

경쟁우위 Unfair Advantage ⑨
다른 제품이 쉽게 흉내낼 수 없는 특징

채널 Channels ⑤
고객 도달 경로

고객군 Custromer Segments ②
목표 고객

비용 구조 Cost Structure ⑦
고객 취득 비용, 유통 비용, 호스팅, 인건비 등

수익원 Revenue Streams ⑥
매출 모델, 생애가치, 매출, 매출총이익

대학생을 위한
스타트업 캡스톤 디자인

*본 프레임워크 실습 목적: 효과적인 인터뷰 진행을 위한 인터뷰 질문 디자인 방법을 통해 고객의 숨겨진 니즈를 발견하고 창업 팀이 고객 문제를 해결하기 위한 솔루션 구상 방안을 객곤화할 수 있다.

본 프레임워크 사용 방법은 다음과 같다. 창업 팀이 발견한 문제를 간단히 서술하고 해당 문제에 관련된 최신 뉴스와 정량적 데이터(통계 자료)를 통해 고객이 느끼는 페인 포인트가 무엇인지 리서치를 통한 질문을 구성한다. 그다음 해당 이슈와 관련된 질문은 세부적으로 작성하는 것으로 1) 문제 정의를 서술 2) 해당 문제와 관련된 최근 현상을 나타내는 뉴스와 통계 자료와 같은 정량적 데이터를 리서치해 주요 질문의 축을 설정 3) 리서치 질문의 각 세부 영역에 맞는 인터뷰 질문을 작성하여 고객 인터뷰 질문을 디자인할 수 있다.

인터뷰 질문 프레임워크

문 제	리서치 질문	인터뷰 질문

*본 프레임워크 실습 목적: 가설 검증 A/B 테스트 카드는 핵심 가설수립을 통한 솔루션 아이디어 2타입(A솔루션, B솔루션)을 기반해서 A타입과 B타입의 가설을 비교하여 가설 중요도(상/중/하)와 가설 검증에 대한 실험 비용(상/중/하) 및 이를 뒷받침할 수 있는 데이터 신뢰도(상/중/하)를 직관적으로 작성할 수 있으며 측정 방법에 대한 소요 시간(상/중/하) 기재와 가설 검증 판단 여부를 확인할 수 있는 서술을 통해 A타입과 B타입에 대한 비교를 직관적으로 할 수 있다.

가설 검증 A 테스트 카드

A타입 솔루션:

핵심 고객:　기간:

담당:　마감:

1.핵심 가설

:

가설의 중요도
(상중하)

2.실험 방법

:

비용
(상중하)　데이터 신뢰도
(상중하)

3.측정 방법

:

소요 시간
(상중하)

4.판단 방법

:

가설 검증 B 테스트 카드

B타입 솔루션:

핵심 고객:　기간:

담당:　마감:

1.핵심 가설

:

가설의 중요도
(상중하)

2.실험 방법

:

비용
(상중하)　데이터 신뢰도
(상중하)

3.측정 방법

:

소요 시간
(상중하)

4.판단 방법

:

*본 프레임워크 실습 목적: 사용자 경험을 중점으로 한 사용성 고도화는 고객의 솔루션 인게이지먼트를 높이는 근원이 된다. 이를 위해 본 프레임워크가 제시하는 각 항목을 솔루션 개발 현황에 맞추어 작성하여 고객 중심의 솔루션 사용성을 높이는 기준을 마련할 수 있다.

Q. 시스템 상태 가시성:
솔루션 사용 고객이 제안된 시스템 구조 안에서 일어나는 현상을 쉽게 파악하고 피드백이 제공될 수 있는가?

아이디어	
적용방안	

Q. 시스템과 실존 세계의 일치성:
솔루션 사용 고객의 언어와 현실적 맥락이 적용되어 이들에게 친숙한 환경을 제공하고 있는가?

아이디어	
적용방안	

Q. 사용자 통제력과 자율성:
솔루션 사용 중 고객이 오류를 경험하는 상황에서 쉽게 취소할 수 있으며 재실행을 할 수 있는가?

아이디어	
적용방안	

Q. 일관된 표준성:
솔루션 시스템 안에 사용되는 용어와 구동 방식이 일관되며 고객이 이해할 수 있는 표준을 갖추고 있는가?

아이디어	
적용방안	

Q. 에러 방지: 솔루션 사용 중 고객이 오류를 발견할 수 있는 요인은 없는가?

아이디어	
적용방안	

Q. 고객 기억보다는 직관적 인식 제공:
솔루션 이용 중 고객의 기억을 통해 사용성을 강화하는 것이 아닌 직관적 화면을 통해 인식 가능한가?

아이디어	
적용방안	

Q. 유연한 사용성과 효율:
솔루션 사용 고객의 사용 이해도의 편차와 무관하게 효율적 사용을 위한 기능을 제공하고 있는가?

아이디어	
적용방안	

Q. 미니멀리즘과 심미성: 솔루션에 간결한 디자인과 심미성을 내포하고 있는가?

아이디어	
적용방안	

Q. 솔루션 에러 확인과 복구 체계 서비스:
솔루션 사용시 발생 할 수 있는 에러를 감지하고 이를 개선할 수 있는 복구 체계 서비스를 지니고 있는가?

아이디어	
적용방안	

Q. 도움말 가이드 제공: 솔루션 사용을 위한 실사용 고객 눈높이의 도움말 가이드를 제공하고 있는가?

아이디어	
적용방안	

대학생을 위한
스타트업 캡스톤 디자인

*본 프레임워크 실습 목적: 콜드콜 스크립트 작성은 창업 팀의 기초체력이라 할 수 있는 영업 파워를 증진하기 위해 실습을 권장한다. 작성 방법은 솔루션 소개를 위한 도입부터 고객 니즈 유도 질문, 효과적 솔루션 예고, 콜 투 액션과 미팅 제안까지 순차적으로 작성하여 창업 팀이 함께 자사와 고객사 역할을 번갈아 가며 롤플레잉을 통해 실전 연습 진행하고 이를 콜드콜로 두려움 없이 진행하는 것을 목표로 한다.

콜드콜 스크립트 프레임워크

[솔루션 소개를 위한 도입]:

[고객 니즈 유도 질문]:

[효과적 솔루션 예고]:

[콜 투 액션 / 미팅 일정 제안]:

*본 프레임워크 실습 목적: 자금조달을 위한 기본 피치덱 구조를 이해하고 실습할 수 있다. 해당 목차를 통해 창업 아이디어와 성장전략 및 실행 방안에 대한 논리를 구체화하고 이를 피칭으로 연결할 수 있도록 목차와 관점을 이해하고 작성한다.

목 차	관 점
1. 기업 비전과 미션	창업가와 창업 팀의 비전(근원적 목적)과 해당 비전을 이루기 위한 미션(비즈니스의 큰 방향)
2. 기회 발견(문제)	창업가와 창업 팀이 발견한 문제
3. 해결 방안(솔루션)	해당 문제를 해결하는 방법과 산출물
4. 왜 지금인가?(타이밍)	해당 솔루션이 지금 필요한 이유
5. 시장 규모(마켓 사이즈)	해당 문제를 지닌 고객 집단과 인접 시장을 고려한 TAM-SAM-SOM(전체시장, 유효시장, 수익시장)
6. 제품·서비스(MVP)	솔루션에 대한 구체적인 설명(사용성 및 구체적 이미지)
7. 비즈니스 모델	수익 실현의 구체적인 방안
8. 마케팅 영업 전략	수익을 실현하는 마케팅과 영업 방법
9. 경쟁사 비교 우위	경쟁사 분석과 자사 비교 우위(사실적이고 구체적 사안)
10. 팀 소개	창업 팀 역할 및 담당
11. 재무 추정	5개년 기준 재무 추정
12. 투자금 활용 계획	희망 투자 금액 및 사용 목적과 방안
13. 메시지	설득의 마지막 메시지
14. 별첨 자료	추가 별첨 자료(특허, 기술 도면 등)

기쁨이자 평안의 딸 서하가 대학생이 되어 이 책을 읽어도 인사이트를 충분히 얻을 수 있기를 기대하며 작성하였다. 물론 기술과 사회 변화로 딸이 성장하여 대학생이 된 시점 한 독자로서 이 책을 마주하면 어떤 느낌을 받을지 무척 고심이 든다. 하지만 나의 딸의 삶에도 본 저서가 힘과 용기를 주길 기대한다.

집필 과정 중 범용 인공지능(AGI) 등장을 앞두고 인간 노동에 대한 가치 종말과 기본 소득 보편화 소식 빈도가 늘어나고 있다. 또한 법 제도의 변화로 기업 고용이 더 보수적으로 변화하고 휴머노이드를 산업 현장에 더 빠르게 배치할 것이라는 전망도 증가하고 있다. 하지만 저서를 마무리하며 독자에게 전하고 싶은 메시지가 있다.

너무 그렇게 걱정하지 말라. 그리고 두려워하지도 말라.

만일 우주가 다차원이라 하더라도 또는 나와 생김새가 같은 도플갱어를 경험해도 이 글을 읽고 있는 독자는 세상에 유일무이한 단 하나의 객체이자 존재이다. 왜일까? 부모와도 형제와도 우리의 DNA 구조는 100% 일치하지 않는다. 즉 세상 그 어딘가에 나와 같은 존재는 없다는 사실이다.

이처럼 유일무이한 당신과 나 그리고 우리는 각자의 삶의 목적과 이유를 지니고 태어난 존재이며 디자인된 고결한 대상 그 자체다.

그러므로 용기를 내자. 그러므로 힘을 내어 오늘과 내일을 살자. 그리고 자기다움을 회복하여 세상을 바꿀 수 있는 혁신을 통해 기회와 가치를 창출하자. 지금 글을 읽고 있는 이 순간이 그대에게 가장 젊은 시간이라는 사실을 인지하고 기회를 잡기를 기원한다.

참고문헌

[챕터 1]

Business Week. (1977, July 18). Incubators for high-growth tech firms. Business Week.

Forbes. (1976, August 15). Investing in EDP startups. Forbes Magazine.

García, H., & Miralles, F. (2016). Ikigai: The Japanese secret to a long and happy life. Penguin Books.

Guzman, J., & Stern, S. (2020). The state of American entrepreneurship: New estimates of the quantity and quality of entrepreneurship for 32 US states, 1988-2014. American Economic Journal: Economic Policy, 12(4), 212-243.

Hall, D. T. (2004). The protean career: A quarter-century journey. Journal of Vocational Behavior, 65(1), 1-13.

중소벤처기업부. (2024). 2025년 창업지원사업 통합공고 (공고 제2024-626호).

[챕터 2]

Clark, E. V., & Clark, H. H. (1979). When nouns surface as verbs. Language, 55(4), 767-811.

Dorst, K. (2015). Frame innovation: Create new thinking by design. MIT Press.

대학생을 위한
스타트업 캡스톤 디자인

Hammer, M., & Champy, J. (1993). Reengineering the corporation: A manifesto for business revolution. HarperBusiness.

[챕터 3]

통계청. (2023). 인구총조사 (2023년).

통계청. (2024). 2024년 5월 경제활동인구조사 청년층 부가조사 결과.

한국건강기능식품협회. (2023). 2023 건강기능식품 시장 현황 및 소비자 실태 조사 보고서.

한국건강증진개발원. (2022). 국민건강증진종합계획 2030.

[챕터 4]

Christensen, C. M., Hall, T., Dillon, K., & Duncan, D. S. (2016). Competing against luck: The story of innovation and customer choice. HarperBusiness.

Love, H. (2016). The Start-Up J Curve: The Six Steps to Entrepreneurial Success. Greenleaf Book Group Press.

Moore, G. A. (1991). Crossing the Chasm: Marketing and Selling High-Tech Products to Mainstream Customers. HarperBusiness.

[챕터 5]

Eagleman, D., & Brandt, A. (2017). The runaway species: How human creativity remakes the world. Catapult.

Graham, P. (2004). Hackers & painters: Big ideas from the computer age.

O'Reilly Media.

[챕터 6]

Brown, T. (2009). Change by design: How design thinking creates new alternatives for business and society. Harvard Business Press.

Maurya, A. (2012). Running lean: Iterate from plan A to a plan that works (2nd ed.). O'Reilly Media.

[챕터 7]

Nielsen, J. (2000, March 19). Why You Only Need to Test with 5 Users. Nielsen Norman Group. https://www.nngroup.com/articles/why-you-only-need-to-test-with-5-users

Ryan, B., & Gross, N. C. (1943). The diffusion of hybrid seed corn in two Iowa communities. Rural Sociology, 8(1), 15-24.

Rogers, E. M. (2003). Diffusion of innovations (5th ed.). Free Press.

[챕터 9]

Nielsen, J. (1994). 10 usability heuristics for user interface design. Nielsen Norman Group. Retrieved from https://www.nngroup.com/articles/ten-usability-heuristics

[챕터 10]

Baker, S. E., & Edwards, R. (2012). How many qualitative interviews is

대학생을 위한
스타트업 캡스톤 디자인

enough? National Centre for Research Methods.

[챕터 11]

Sequoia Capital. (n. d.). Writing a business plan. Sequoia Capital. https://www.sequoiacap.com/article/writing-a-business-plan

[챕터 13]

Conway, M. E. (1968). How do committees invent? Datamation, 14(5), 28-31.

[챕터 14]

Starling, M. (2021, February 24). Apple's acquisitions: Tech giant's legacy built on a healthy business strategy. The Week UK. https://theweek.com/952073/apple-acquisitions-tech-healthy-business-strategy

대학생을 위한
스타트업 캡스톤 디자인

실패해도 커리어가 되는 창업 툴킷

ⓒ 김준성, 2026

초판 1쇄 발행 2026년 1월 12일

지은이   김준성
펴낸이   이기봉
편집   좋은땅 편집팀
펴낸곳   도서출판 좋은땅
주소   서울특별시 마포구 양화로12길 26 지월드빌딩 (서교동 395-7)
전화   02)374-8616~7
팩스   02)374-8614
이메일   gworldbook@naver.com
홈페이지   www.g-world.co.kr

ISBN   979-11-388-5206-7 (03320)